Arnold Höfs

# Faktenspiegel X
### Weitere gesammelte Fakten
### Tatsachen, Ereignisse

Gesammelt für historisch und politisch Interessierte
insbesondere für die jungen Generationen

ISBN: 978-0-244-48716-4

# Einführung

Auch dieser Band enthält – wie Faktenspiegel IX – aus Dokumenten und der einschlägigen Literatur erarbeitete Tatsachen. Selbst wenn manche der Tatsachen und Vorgänge auf den ersten Blick nicht unbedingt zusammengehören mögen, ergeben sie doch ein informatives Gesamtbild über ein Land, das von manchen heute als „Absurdistan" bezeichnet wird.

## Vorspann

Laut Art. 1 und 5 GG hat jeder das unverletzliche und unveräußerliche Recht, seine Meinung in Wort, Schrift und Bild frei zu äußern und zu verbreiten und sich aus allgemein zugänglichen Quellen u n g e h i n d e r t zu informieren. Art. 25 GG bestimmt, dass die Regeln des Völkerrechts Bestandteil des Bundesrechts und diesem übergeordnet sind. Die Rechtssätze des Völkerrechts brechen laut BVerfG-Entscheidung vom 26. März 1957 (BVerfGE, Bd. 6, S. 363)jede Norm aus deutscher Rechtsquelle, die hinter ihnen zurückbleibt oder ihnen widerspricht. Beispielhaft sei hier Art. 19 IPbürgR angeführt, der besagt, dass jeder das Recht hat

*Informationen und Gedankengut j e d e r Art…… nach eigener Wahl sich zu beschaffen, zu empfangen und weiter zu geben.*

Die nachfolgenden Artikel stammen aus Materialien in öffentlichen Bibliotheken wie z.B. amtlichen Veröffentlichungen und der einschlägigen Literatur, d.h. aus allgemein zugänglichen Quellen.

## Inhaltsverzeichnis                                                   Seite

1. Antisemitismus                                                          1
2. Terrorismus                                                             2
3. Der Mongolenfleck                                                       3
4. Zyklon B (Das Schädlingsbekämpfungsmittel)                              5
5. § 130 StGB, Grundgesetz und Völkerrecht                                 6
6. Rechtsprechung in Absurdistan                                           7
   a) Wie man ins Gefängnis kommt – meine Geschichte                       7
   b) Strafprozesse gegen Greise, die unschuldig sind                     11
   c) Das Urteil des Bundesgerichtshofs 3StR 49/16 vom 20. September 2016  14
7. Die Einleitung zu den Standort- und Kommandanturbefehlen des
   Konzentrationslagers Auschwitz 1940 – 1945                             16
8. Auszüge aus dem „Kalendarium" der Danuta Czech und den „K-Befehlen"    20
9. Die deutsche „Enigma" und ihre Entschlüsselung                         22
10. Die Briefe Papst Pius` XII an die deutschen Bischöfe 1939 – 1944      25
11. 400 Jahre Krieg gegen Europas Mitte                                   28
12. Wehrmacht - Bundeswehr                                                45
13. Rückblick - Ausblick                                                  47
14. Haben die Revisionisten in der Krise Europas eine Chance ?            51
15. Über den Koran                                                        57

# 1. Antisemitismus

Unter „Antisemitismus" wird allgemein Judenfeindlichkeit verstanden. Es wäre zu untersuchen, ob dies richtig ist. Der 1879 von Marr geprägte Begriff ist insofern irreführend, als antisemitische Bestrebungen gegen die Juden nicht gegen die Gesamtheit der semitischen Völker gerichtet sind (Meyers Enzyklopädisches Lexikon, 1973). Nach der Völkertafel gingen von Sem, dem ältesten Sohn Noahs, 26 Völker aus (Brockhaus Enzyklopädie, 1998). Zu dieser Völkergruppe gehören u.a. die Kanaanäer (Hebräer, Phöniker) und die Araber (Meyers Neues Lexikon, 1975), deren bevölkerungsmäßiges Schwergewicht im Nahen Osten (Vorderasien) liegt, und zwar auf der arabischen Halbinsel, in Ägypten, Syrien, Palästina und im Irak (The New Encyclopaedia Britannica, 2003 und Brockhaus, 1996).

Laut Encyclopaedia Judaika (Stichwort Khazars) sind mehr als 90%, nach anderen Angaben sogar 92 oder 96% aller heute auf der Welt lebenden Juden keine Semiten, sondern Chasaren (Khazars), ein hunno-bulgarisches Turkvolk aus Zentralasien, das ab etwa 730 n. Chr. die jüdische Religion angenommen hat (Neues Konversationslexikon von Hermann Meyer, 1868 und Jüdisches Lexikon, Berlin 1929).

Da die Chinesen eine Namensbezeichnung für die Chasaren haben, müssen sie sie gekannt haben, d.h. die Casaren wohnten ursprünglich in der Nähe Chinas. Genetisch verwandt sind sie mit den Uiguren, die heute ein Teil Chinas sind. Nach der Vertreibung der Hunnen aus Europa ab 451 n. Chr. ließen sie sich nördlich des Chasarischen Meeres (heute auch „Kaspisches Meer" genannt) an Wolga und Kaukasus nieder, bis sie im Jahr 1223 durch Dschingis Khan auch dort vertrieben wurden und nach Westen wanderten, hauptsächlich in das spätere russische Zarenreich, nach Polen, zu den genetisch verwandten Magyaren (Ungarn) u. a.. Dass die Chasaren asiatischer Herkunft sind, beweist auch der Mongolenfleck.

Die wirklichen (echten) Juden gerieten nach der Eroberung Jerusalems im Jahr 638 n. Chr. unter die Herrschaft der Araber und wurden in der Folgezeit Moslems (Sand, S. 271 ff.). Nur Juden, die außerhalb des Nahen Ostens lebten, behielten ihre jüdische Religion, wobei sie zu einem erheblichen Teil von ihren Gastvölkern „aufgesogen" wurden und als Juden verschwanden. Überlebt und erhalten haben sich hauptsächlich die in Osteuropa in großen Gruppen siedelnden (unechten) Juden, die Ostjuden oder Chasaren.

Geht man davon aus, dass es z.Z. etwa 18 Millionen Juden auf der Welt gibt, von denen nur 5 – 6% Semiten sind, von denen die Hälfte in Israel lebt und die andere Hälfte über die halbe Welt verstreut ist, gibt es außerhalb Israels nur noch verschwindend wenige semitische Juden. Mangels semitischer Juden kann es daher so gut wie keinen gegen Juden gerichteten Antisemitismus geben. Man könnte eher von „Antichasarismus" sprechen.

Wie bekannt, gibt bzw. gab es noch viele andere semitische Völker, von denen heute die Araber das größte und am weitesten verbreitete Volk sind. Wenn es denn heute Antisemitismus gibt, kann der sich nur gegen die Araber und andere semitische Völker richten. Die heutigen Juden, die zu ca. 95% keine Semiten sind, zählen nicht dazu. Kriege und Unterdrückungsmaßnahmen gibt es gegenwärtig speziell in Palästina, im Irak und anderswo im arabischen Raum. Diese Maßnahmen kommen aus Israel und den USA, so dass von diesen beiden Ländern heute der Antisemitismus ausgeht.

Quellennachweis (außer den Lexika)

Bernstein, Jack   Das Leben eines amerikanischen Juden im rassistischen, marxistischen Israel,
　　　　　　　　Lühe-Verlag, Süderbrarup, 1985

Sand, Shlomo   Die Erfindung des jüdischen Volkes, Propyläen/Ullstein, Berlin 2010

## 2. Terrorismus

Vor mehr als 20 Jahren wurde uns im Fernsehen immer wieder gezeigt, wie hier 3 palästinensische Häuser abgerissen wurden, da 5 Häuser und dort 2 Häuser usw. Jüdische Siedlungen durchziehen die Palästinensergebiete (siehe DER SPIEGEL, Nr. 32/2001,Seite 109), und so nimmt man den Leuten ihre Häuser und ihr Land Stück für Stück und zerstört ihre Lebensgrundlagen. Nicht mehr lange und das ganze Land dürfte (nach Vertreibung der Palästinenser) jüdisch besiedelt sein. Das ist ein schleichender Terrorismus seit Jahrzehnten. Laut Zeitungsberichten verbraucht ein Israeli täglich fast viermal soviel Wasser wie ein Palästinenser und noch ca. 65% mehr als ein Deutscher im regenreichen Europa, wo es normalerweise nicht an Wasser mangelt.
Nach einer Aussage im Fernsehen lassen israelische Soldaten Palästinenser, die sich von einem Ort in den anderen bewegen wollen, nach Abnahme der Papiere 5 – 6 Stunden in der brütenden Sonne stehen, bevor sie weiterreisen dürfen. Das gilt auch für hochschwangere Frauen, die zur Geburt ins Krankenhaus müssen, so dass manche schon auf der Straße im Dreck ihr Kind zur Welt gebracht haben. Ist das kein Terrorismus? Die verzweifelten Palästinenser bzw. Araber sind rechtlos und wehrlos gegen diesen Terrorismus, der aus den USA unterstützt wird. Ist es da so unverständlich, wenn die Unterdrückten und Erniedrigten auch die USA als ihren Feind, vielleicht sogar als ihren Hauptfeind ansehen? Der mehr als 2000 Jahre alte lateinische Satz „Homo homini lupus" (der Mensch ist für den Menschen ein Wolf) gilt hier heute noch, obwohl die „westliche Welt" doch angeblich so tolerant, so freiheitlich und so demokratisch ist.
Schon einmal haben „demokratische" Politiker alle Regeln von Demokratie und Selbstbestimmungsrecht auf übelste Weise mit Füßen getreten: Nach dem 1. Weltkrieg 1919 in Paris. Die Folge war ein 2. Weltkrieg mit ca. 50 Millionen Toten und für Europa die Selbstzerstörung durch 2 entsetzliche Kriege. Auf dem Balkan waren die Folgen bis vor Kurzem noch zu spüren.
Um den Terrorismus zu beenden, braucht es keinen neuen Krieg, der auch nur wieder neuen Terrorismus bringt. Gebt den Menschen ihre Rechte und ihre Würde zurück. Stoppt den Aggressionsterrorismus im Nahen Osten und der palästinensisch-arabische (moslemische) Verteidigungs- und Verzweiflungsterrorismus wird von selbst aufhören.

## 3. Der Mongolenfleck (Hunnenfleck, Hunnenmal)

Bei diesem Fleck (auch Asiatenfleck, Sakralfleck oder Steißfleck genannt) handelt es sich um ein meist graublaues unregelmäßiges Muttermal am Rücken, Gesäß oder Kreuzbein eines Neugeborenen, das nach etlichen Jahren verschwindet.

Der Name Mongolenfleck kommt daher, dass er bei über 99% der Kinder „mongolider" Herkunft auftritt (Chinesen, Japaner, Koreaner, Vietnamesen, Mongolen, Turkvölker, Indochinesen, Indianer, Inuit). Auch mehr als 99% der Schwarzafrikaner sollen den Fleck haben.

Zu den Turkvölkern gehören die Chasaren, deren Sprache sich aus hunno-bulgarischen und anderen Dialekten zusammensetzte, die zur Familie der Turksprachen gehören (Shlomo Sand: Die Erfindung des jüdischen Volkes). Sie waren einer der zwei großen Stämme der Hunnen und gehörten zu deren Reich (Encyclopaedia Judaica). Nach der Zurückschlagung der Hunnen aus Europa (Schlacht auf den Katalaunischen Feldern in Nordfrankreich im Jahr 451) ließen sich die Chasaren nördlich des Kaspischen Meeres nieder, das heute noch teilweise als Chasarisches Meer bezeichnet wird. Hier nahmen sie im 8. Jahrhundert die jüdische Religion an. Wegen dieser Religion werden sie jetzt als (aschkenasische) Juden bezeichnet, obwohl sie keine (echten) Juden sind. Die wirklichen Juden, die laut Shlomo Sand in ihrer Masse nie das Land Palästina verlassen haben, nahmen nach der Eroberung durch die Araber im 7. Jahrhundert die moslemische Religion an und sind heute bekannt als Palästinenser.

Übrigens: In Nordfrankreich werden noch heute, mehr als 1.500 Jahre nach der Schlacht, Kinder mit dem Hunnenfleck geboren. Es handelt sich um Nachkommen verwundeter oder kriegsgefangener Hunnen, die damals in Frankreich zurückgeblieben sind.

Das Hunnenmal der aschkenasischen Juden, und Aschkenasen sind heute 90 bis 95% aller Juden auf der Welt, beweist eindeutig, dass sie Menschen ostasiatischer Herkunft sind und ihre ursprüngliche Heimat nicht in Palästina lag.

Quellennachweis

| | |
|---|---|
| Koestler, Arthur | Der dreizehnte Stamm, Molden, Wien, München, Zürich 1977 |
| Kutschera, Hugo | Die Chasaren; Historische Studie, Adolf Holzhausen, Wien 1909 |
| Sand, Shlomo | Die Erfindung des jüdischen Volkes, Israels Gründungsmythos auf dem Prüfstand, Propyläen/Ullstein, Berlin 2010 |

## 4. Zyklon B (das Schädlingsbekämpfungsmittel)

Laut Buch „Zyklon B", Seite 15, herausgegeben von der Forschungsgruppe Zyklon B, Dessau, durfte das Ungeziefer Vernichtungsmittel Zyklon B ab (Juli) 1943 nur noch vom Hauptsanitätspark der Wehrmacht in Berlin Lichtenberg verteilt werden.
Durch Erlasse zweier Ministerien vom 22. Juli 1943 wurde das Zyklon dann für die Konzentrationslager völlig gesperrt. So erhielt auch das Lager Auschwitz ab August 1943 kein Zyklon mehr geliefert (H.T. Nr. 92, Seite 7 , Graf/Mattogno, Seiten 201 und 207). Da das Mittel nur eine garantierte Haltbarkeit von 3 Monaten hatte, war eine Vorratsbildung nicht möglich.
Im März 1944 wurde das Herstellerwerk in Dessau durch einen Bombenangriff so schwer beschädigt, dass die Produktion zum Erliegen kam (Zyklon B, Seiten 99 ff., H.T., Nr. 92, Seite 10, Geschäftsbericht der Degesch für 1943/44 in Walendy, Seite 114). Da keine nennenswerten Vorräte vorhanden waren, hat der Versand im Mai 1944 aufgehört (Zyklon B, Seite 101). Das Ende der Produktion ergibt sich auch aus mehreren Zusammenstellungen der Produktionszahlen, wobei für das Jahr 1944 entweder gar keine Zahlen genannt werden bzw. ein starker Rückgang festzustellen ist (Zyklon B, Seiten 91 ff.). Laut Geschäftsbericht der Degesch für das Jahr 1944 führte der Produktionsausfall in 1944 zu einem Umsatzrückgang für Zyklon B von 46% und damit zu einem wirtschaftlichen Verlust (Walendy, Seite 114).
Der Buchhalter Alfred Zaun der für das Lager Auschwitz zuständigen Lieferfirma Tesch & Stabenow listet nach dem Krieg für ein englisches Militärgericht die Liefermengen und die Umsatzerlöse auf. Laut Zaun bekamen die Lager im Jahr 1944 kein Zyklon mehr . Die Jahreseingänge (Umsatzerlöse für Zyklon) sackten 1944 auf 21,8% der Vorjahreserlöse (Walendy, Seiten 60 ff.)
Nach all diesen Angaben bekam z.B. auch das Lager Auschwitz ab August 1943 kein Zyklon mehr geliefert. Infolge der Zerstörung des Herstellerwerks im Frühjahr 1944 gab es in Deutschland überhaupt kein Zyklon mehr, weil keines mehr hergestellt werden konnte. Gerade im Jahr 1944 sollen aber nach vielen Behauptungen umfangreiche Massenvergasungen in Auschwitz mit dem (nicht mehr vorhandenen) Zyklon erfolgt sein. Wie soll das möglich gewesen sein ???

Quellenverzeichnis

| | |
|---|---|
| Degesch | Deutsche Gesellschaft für Schädlingsbekämpfung, Frankfurt/Main. Geschäftsbericht 1944 |
| Forschungsgruppe Zyklon B, Dessau | Zyklon B, Books on Demand, Norderstedt, 2007 ISBN 9783833492198 |
| Graf, Jürgen Mattogno, Carlo | Konzentrationslager Majdanek, Eine historische Studie Hastings 2004 |
| H.T. | Historische Tatsachen, The Barnes Review, Washington D.C. 2003 |
| Walendy, Udo | Auschwitz im IG-Farben-Prozess, Verlag für Volkstum und Zeitgeschichte, Vlotho 1981 |

## 5. § 130 StGB, Grundgesetz und Völkerrecht

Laut Artikel 5 GG hat jeder das Recht, sich aus allgemein zugänglichen Quellen **ungehindert** (= **straffrei**) zu unterrichten und die daraus gewonnenen Erkenntnisse in Wort, Schrift und Bild frei zu äußern und zu verbreiten. Artikel 25 GG erklärt das Völkerrecht zum Bestandteil des Bundesrechts. Es geht den (deutschen) Gesetzen vor und erzeugt Rechte und Pflichten unmittelbar. Das Bundesverfassungsgericht hat daher am 26. 3. 1957 entschieden (BVerfGE, Bd. 6, S. 363), dass das Völkerrecht jede Norm aus deutscher Rechtsquelle bricht, die hinter ihm zurückbleibt oder ihm widerspricht.

Artikel 19 des Internationalen Pakts über bürgerliche und politische Rechte (IPbürgR) lautet:

> *Jeder hat das Recht...... Informationen und Gedankengut j e d e r  A r t  nach eigener Wahl sich zu beschaffen, zu empfangen und weiter zu geben, laut Artikel 10 EMRK über alle Grenzen hinweg, ohne staatliche Eingriffe.*

Sowohl Artikel 5 GG als auch das dem deutschen Recht übergeordnete Völkerrecht und das Urteil des BVerfG von 1957 setzen den § 130 StGB **außer Kraft**.

In einem weiteren Urteil, 2BvR 2560/95 vom 7.4.1998, gibt das BVerfG den IPbürgR als Orientierunsmaßstab vor, wenn es um Menschenrechte geht, z.B. um die freie Meinungsäußerung. Ein Verstoß dagegen ist laut Urteil 2BvR 2560/95

### Rechtsbeugung

Bei der Beugung des Rechts durch Richter und Staatsanwälte handelt es sich jedenfalls dann, wenn die Rechtsbeugungshandlung zu Freiheitsentzug führt, um schwerstes kriminelle Unrecht (Seite 5 des Urteils).
Laut Art. 2 Abs. 2 GG darf in die Freiheitsrechte nur aufgrund eines Gesetzes eingegriffen werden. Außerdem muss laut Art. 19, Abs. 1 und 2 GG dieses Gesetz allgemein und nicht für den Einzelfall gelten, und es muss das Grundrecht unter Angabe des Artikels nennen. Das alles ist beim § 130 StGB nicht der Fall. § 130 StGB schränkt aufgrund eines Einzelfalles das Grundrecht auf freie Meinungsäußerung in seinem Wesensgehalt ein. Das ist ein Verstoß gegen Art. 19, Abs. 2 GG.
**§ 130 StGB ist daher auf ganzer Linie verfassungswidrig.**

Im Urteil 1BvR 2083/15 vom 22. Juni 2018 hat das BVerfG nun ausdrücklich festgestellt, dass der § 130, Abs. 3 StGB  k e i n  allgemeines Gesetz ist, sondern spezifisch nur Äußerungen zum Nationalsozialismus unter Strafe stellt (Rn. 21 des Urteils). Somit verstößt der § 130, Abs. 3 gegen Art. 5, Abs. 2 GG und ist daher nicht anwendbar.
Art 5, Abs. 1 und 2 erlaubt nicht den staatlichen Zugriff auf die Gesinnung, sondern ermächtigt erst dann zum Eingriff, wenn Meinungsäußerungen die geistige Sphäre des Für-richtg-Haltens verlassen und in Rechtsgutverletzungen oder erkennbar in Gefährdungslagen umschlagen (Rn. 17). Eine Verurteilung nach § 130, Abs. 3 StGB kommt in allen Varianten  n u r  dann in Betracht, wenn hiervon  a l l e i n  solche Äußerungen erfasst werden, die geeignet sind, den öffentlichen Frieden zu gefährden. Die Meinungsfreiheit findet laut Rn. 30 des Urteils  e r s t  d a n n  ihre Grenzen im Strafrecht, wenn die Äußerungen in einen unfriedlichen Charakter umschlagen.

# 6. Rechtsprechung in Absurdistan

### a) Wie man ins Gefängnis kommt – meine Geschichte

**Teil I:**

1. Einführung
Wenn man als halbwegs normaler Mensch die Welt betrachtet, kann man über ihren Zustand fast verzweifeln, besonders über die Zustände in Deutschland, das von manchen heute schon als „Absurdistan" bezeichnet wird. Sucht man nach Erklärungen, kommt man bald zu dem Ergebnis, dass der heutige Zustand zu einem erheblichen Teil die Folge von dem ist,was gestern war. Das wiederum ist eine Folge von dem, was vorgestern war, usw.. Kurz: man landet mit der Abfolge der Ereignisse in der Geschichte. So kam ich dazu, mich mit Geschichte zu befassen. Meine Erkenntnisse aus der Erforschung der letzten 100 Jahre, speziell der Vorgänge in und um Deutschland, habe ich in 5 Büchern mit dem Titel „Faktenspiegel" unter dem Pseudonym Herbert Hoff niedergelegt.

2. Forschungsergebnis
Bei meiner Forschungstätigkeit stieß ich eines Tages auf einen Artikel des ehemaligen Gouverneurs von New York, Martin Glynn, vom 31. Oktober 1919 über den Holocaust an 6 Millionen Juden. Das erstaunte mich sehr, denn seit 1945 bekommen wir doch immer nur zu hören, dass die Deutschen **während des 2. Weltkriegs** den Holocaust an 6 Millionen Juden begangen haben. Wie konnte aber schon **20 Jahre vor dem Beginn des 2. Weltkriegs (1919)** ein US-Amerikaner etwas vom Holocaust an 6 Millionen Juden schreiben?
Neugierig geworden, begann ich in diese Richtung zu forschen und stieß dabei auf die „Enzyklopädie des Holocaust", herausgegeben von der Gedenkstätte Yad Vashem in Jerusalem. Dort fand ich das Riegner-Telegramm vom 8. August 1942, in dem angegeben wird, dass die Zahl a l l e r Juden unter deutscher Herrschaft 3,5 bis 4 Millionen beträgt. Der Fernsehsender arte berichtete am 24. Januar 2007 darüber, dass bis zu 1,5 Millionen Juden als Partisanen in den Wäldern und im städtischen Untergrund gegen die Deutschen kämpften. Diese 1,5 Millionen haben sich einem evtl. deutschen Zugriff entzogen und wären für mögliche Vernichtungsaktionen gar nicht mehr greifbar gewesen, d.h. Die Zahl der Juden, die man höchstens hätte vernichten können - wenn so etwas überhaupt geplant war – verringert sich damit auf ca. 2 bis 2,5 Millionen. Nach dem Krieg konnten Juden in Deutschland Wiedergutmachung beantragen. Das Bundesfinanzministerium gibt alljährlich die Zahl der Anträge (und früher anscheinend auch die Zahl der Antragsteller) bekannt. Nach allen Angaben haben mindestens 4 Millionen überlebende Juden Wiedergutmachung beantragt. Daraus ergibt sich folgende Rechnung: Von ca. 2 bis 2,5 (oder 3,5 bis 4) Millionen Juden haben die Deutschen 6 Millionen ermordet. Aber mindestens 4 Millionen davon haben ihre Ermordung überlebt, denn Tote können keine Anträge mehr schreiben.

3. Die Totenzahl von Auschwitz
60 Jahre lang wurde uns erzählt, dass 4 Millionen der 6 Millionen Juden im Konzentrationslager Auschwitz umgebracht worden wären. Im Januar 2005 war die Zahl der Auschwitz-Toten dann plötzlich auf 1 Million zusammengefallen ('Bundespräsident Köhler, Bundeskanzler Schröder, UNO-Generalsekretär Kofi Annan und andere). Nach den Angaben der Gedenkstätte Auschwitz (Danuta Czech, Fritjof Meyer) sind aber nur 720.000 Häftlinge nach Auschwitz deportiert worden, von denen nur ca. 400.000 vorerst dort verblieben sind, bevor viele von ihnen in andere Lager

überstellt wurden. Wie können also von 720.000 oder 400.000 vier Millionen oder auch nur eine Million ermordet worden sein ???


Das Ungeziefer-Vernichtungsmittel Zyklon B wurde in Auschwitz hauptsächlich während der dort grassierenden drei Fleckfieber-Epidemien in 1942 und 1943 bezogen und nachweislich zur Entlausung von Gebäuden und Sachen verwendet. Nach den von der Staatlichen Polnischen Gedenkstätte veröffentlichten Sterbebüchern von Auschwitz (amtlichen Dokumenten) sind im Konzentrationslager Auschwitz bis Ende 1943 insgesamt 68.864 (nach anderen 88.595) Menschen gestorben, davon 29.125 Juden, also keine 4 Millionen und auch nicht 1 Million.
Mein Wissen habe ich etlichen Leuten mitgeteilt und einige davon haben mich „angeschwärzt".

### 4. Der Rechtsstaat
Die Bundesrepublik Deutschland ist eine freiheitliche Demokratie, in der jeder seine Meinung in Wort, Schrift und Bild frei äußern und verbreiten darf (Art. 5 GG), und sie ist ein Rechtsstaat. Dieser Rechtsstaat nahm nun seinen Lauf. Das Amtsgericht verurteilte mich zu 4 Monaten Gefängnis auf Bewährung, die darin bestand, 1.500 € an die Gedenkstätte Bergen-Belsen zahlen zu sollen. Das Urteil selbst ging überhaupt nicht auf die Sache ein, sondern enthielt sachfremde Behauptungen, die mit meinem Schreiben nicht das Geringste zu tun hatten.

Gegen dieses Urteil habe ich Berufung eingelegt und dem Landgericht das ganze Beweismaterial, insgesamt ca. 70 Blatt Papier, bestehend aus Veröffentlichungen der Bundesregierung, der Gedenkstätten Yad Vashem und Auschwitz, ferner zahlreiche Nachweise aus der Literatur; außerdem auch eine Stellungnahme des Bundestags-Petitionsausschusses sowie höchstrichterliche Urteile, wonach ein Gericht auch bei bestehender „Offenkundigkeit" zur Beweisaufnahme verpflichtet ist, wenn der Angeklagte entsprechendes Material vorlegt.

Der Richter, der doch neutral und unvoreingenommen sein soll, stürzte sich sofort auf mich los, erklärte das (nach meinem Dafürhalten sachfremde, hanebüchene) Urteil für sehr gut und verlangte von mir, meine Berufung zurück zu ziehen. Als ich dies verweigerte unter Bezugnahme auf den großen Berg von Beweisen, die alle meine Aussagen dreifach oder sogar vierfach bestätigten, geriet er regelrecht in Wut. Es entspann sich ein langes, hartes Streitgespräch, da ich im Bewusstsein der Wahrheit (und damit des Rechts) immer wieder auf die Beweiskraft des Materials pochte. Meine 5 Beweisanträge wurden rigoros abgelehnt und der Vertreter des Rechts erklärte, dass er Beweise nicht zur Kenntnis nähme, was nach § 244 Abs. 2 StPO aber seine Amtspflicht ist. Meine Hinweise auf die diversen Gesetze (einschl. Völkerrecht), die in unserem Rechtsstaat die freie Meinungsäußerung schützen, brachte ihn nur noch mehr in Wut. Die Schöffen wirkten sehr blass und eingeschüchtert, so dass sie gewissermaßen gar nicht anwesend waren.
So wurde denn meine Berufung zurückgewiesen und in der mündlichen Urteilsbegründung erklärte der Vertreter des Rechts, dass ich der widerlichste Angeklagte gewesen sei, den er je hatte, und das müssen bei einem Herrn fortgeschrittenen Alters schon viele Tausend gewesen sein. Im schriftlichen Urteil heißt es dann:
*Strafmildernd konnte nicht berücksichtigt werden, dass der Angeklagte wiederum eingeräumt hat, die Schriftstücke verfasst und abgeschickt zu haben.*
Ich hätte demnach also lügen sollen. Normalerweise heißt es doch immer, dass das Sagen der Wahrheit vor Gericht strafmildernd wirke, das Lügen straferhöhend. Bei mir war es umgekehrt.

Gegen dieses Urteil legte ich Revision ein und nannte die Gesetze über die freie Meinungsäußerung, die vom Landgericht Hannover verletzt worden waren, sowie die höchstrichterlichen Urteile, die einen Richter zur Beweiserhebung verpflichten. Dann passierte eine

Panne. Die Dame, bei der ich meine Revisionsschrift hätte abgeben müssen, war für mehrere Stunden abwesend. Man sagte mir aber, dass ich es auch an dieser Stelle abgeben könne; es ginge seinen Gang. Und ich hab s geglaubt. Weil ich es nicht an der Stelle A,sondern an der Stelle B abgegeben habe, wurde die Revision vom OLG Celle abgelehnt. Damit war das Urteil rechtskräftig.

Zahlungen als Nebenleistung dürfen nach § 56 StGB nur erfolgen an gemeinnützige Einrichtungen oder an die Staatskasse. Die staatliche Gedenkstätte Bergen-Belsen ist aber keine gemeinnützige Einrichtung und Bergen-Belsen ist euch nicht d i e Staatskasse. Nach meinen mehrfachen Hinweisen auf die Gesetzesverletzung vom 5. Januar, ferner vom 9. und 22. April 2010 fand am 29. April 2010 vor dem Amtsgericht eine Anhörung statt, in der ich noch einmal auf die Gesetzesbrüche hinwies. Eine Woche später bekam ich die schriftliche Entscheidung, in der stand:"Er hat seit dem 15. Dezember 2009 nicht reagiert". Kann mir das jemand erklären ???

5. Wiederaufnahme
Bei rechtskräftigen Urteilen besteht die Möglichkeit, auf Antrag das Verfahren wieder aufzunehmen, wenn man neues Material vorlegen kann. Aus der Fülle der Beweise wählte ich Zahlenangaben von Politikern (Bundespräsident Köhler, Bundeskanzler Schröder, UNO-Generalsekretär Kofi Annan, Raul Hilberg und Yad Vashem) aus und rechnete aus deren Zahlen vor, dass es das, was ich bestritten haben soll, aufgrund dieser Angaben gar nicht gegeben haben kann. Etwas, das es nicht gibt bzw. nicht gegeben hat, kann man nicht bestreiten. Außerdem: Zählen, Messen, Wiegen ist der einfachste Weg zur Wahrheitsfindung. Das Landgericht Hildesheim wies meinen Antrag ab mit der Begründung, die Rechnung (bestehend aus Addition und Subtraktion von Zahlen) sei unwissenschaftlich, äußerst unseriös und geschmacklos (später vom OLG bestätigt). Kann eine Entscheidungsbegründung noch hanebüchener sein ??? Kann es eine noch größere Bankrotterklärung eines Justizwesens geben ???

Nachdem alles mit den vorgenannten Begründungen abgelehnt worden war, kam die Aufforderung, im Gefängnis zu erscheinen, was ich im Bewusstsein völliger Schuldlosigkeit und unter Berufung auf Art. 20 GG verweigert habe, denn nach Art. 20 GG haben alle Deutschen das Recht, Widerstand zu leisten, wenn die Behörden oder die Gerichte die Gesetze brechen, was in meinem Fall gleich mehrfach passiert ist. So erschienen denn eines Morgens 4 kräftige Polizisten, um einen wehrlosen alten Mann von 74 Jahren zu überfallen. So ist das in einem Rechtsstaat.

6. Zusammenfassung und Schlussgedanken
Befasst man sich mit Geschichte – besonders der deutschen und der europäischen Geschichte der letzten 100 Jahre – und trägt wie in einem Mosaik die Fakten zu einem Gesamtbild zusammen, ergibt sich eine ganz andere Sicht der Dinge als Politiker und Propaganda sie uns weismachen wollen oder sollen. Hinderlich ist nur noch, dass alle deutschen Akten in Washington, London und Moskau fest verschlossen sind. Welch schlechtes Gewissen müssen die dortigen Politiker haben, dass sie die Veröffentlichung der Akten, d.h. die Wahrheit scheuen wie der Teufel das Weihwasser. Überall dort,wo sich schon Zipfel der Geheimnisse lüften ließen, kamen zahlreiche Bruchstücke hervor, aus denen sich ein relativ zuverlässiges Gesamtbild rekonstruieren lässt. Die Bundesregierung gibt höchstens unfreiwillig Einzelheiten bekannt, tut aber alles, um (in wessen Interesse ?) jegliche unerwünschte Forschung zu unterdrücken. Wer es dennoch tut, landet als Folge von Rechtsbruch durch Gerichte im Gefängnis – wie ich.
Der Bezirksstaatsanwalt von Dallas/Texas, Jim Garrison, in dessen Zuständigkeitsbereich US-Präsident Kennedy ermordet wurde, hat gegen den Willen der Nach-Kennedy-Regierungen, quasi auf eigene Faust, den Mord aufzuklären versucht. Ihm wurden gerade von den Regierungen, die das zu verhindern suchten, unendliche Schwierigkeiten in den Weg gelegt. Alles verstieß gegen die Gesetze. Garrisons Fazit nach vielen Jahren Arbeit: Wenn die Regierung (oder die Politik) etwas

nicht will, was interessieren da solche Nebensächlichkeiten wie die (eigenen) Gesetze. Der gleiche Satz könnte heute auch aus meinem Mund kommen.
Bezeichnend für die „westlichen Werte" ist die Reaktion der US-Regierung auf die kürzlich bekannt gewordenen amerikanischen Kriegsverbrechen im Irak. Statt die Verbrechen zu verurteilen, hat sie sich nur gegen deren Veröffentlichung ausgesprochen.

Jesuiten-Pater Friedrich von Spee (1591 – 1635), der sich im Mittelalter gegen die Hexenprozesse wandte, bei denen die Verurteilung der angeblichen Hexe und ihr Feuertod auf dem Scheiterhaufen schon von vornherein feststand (und der von seinem starken Orden geschützt werden musste, damit er nicht selbst auf dem Scheiterhaufen endete) sagt von den damaligen Richtern,
*dass sie sich auf haltlose Indizien stützen, übermäßigen Gebrauch von der Folter machen und keine Verteidiger zulassen....Wer einmal in die Maschinerie der Gerichtsverfahren geraten war, hatte keine Chance mehr, einer Verurteilung zu entrinnen.*
Man gewinnt bei den heutigen „Hexenprozessen" den Eindruck, dass sich seit dem Mittelalter kaum etwas geändert hat.

## Teil II:

Aus Erfahrung schlau geworden, begann ich nun, die Dinge systematisch zu ordnen und um weiteres Beweismaterial zu ergänzen. Insgesamt kamen 96 fotokopierte Dokumente zusammen, die mit 12 Seiten Erläuterungen von mir ein Gesamtwerk von 108 Seiten ergaben.

Laut Art. 5 GG hat jeder das unverletzliche Grundrecht, sich aus allgemein zugänglichen Quellen, also aus öffentlichen Bibliotheken wie ich es getan habe, **ungehindert (= straffrei)** zu informieren und die dort gewonnenen Erkenntnisse in Wort, Schrift und Bild **frei zu äußern und zu verbreiten.**
Artikel 25 GG erklärt das Völkerrecht zum Bestandteil des Bundesrechts. Es geht den (deutschen) Gesetzen vor und erzeugt Rechte und Pflichten unmittelbar. Das Bundesverfassungsgericht hat daher schon am 26.3. 1957 entschieden (BVerfGE Bd. 6,S. 363), dass das Völkerrecht jede Norm aus deutscher Rechtsquelle bricht, die hinter ihm zurückbleibt oder ihm widerspricht.
Artikel 19 des Internationalen Pakts über bürgerliche und politische 'Rechte (IPbürgR) lautet:

*Jeder hat das Recht.....Informationen und Gedankengut jeder Art nach eigener Wahl sich zu beschaffen, zu empfangen und weiter zu geben, über alle Grenzen hinweg, ohne staatliche Eingriffe (Art. 10 Europäische Menschenrechtskonvention).*

Sowohl Art. 5 GG als auch das dem deutschen Recht übergeordnete Völkerrecht und das BVerfG-Urteil von 1957 setzen den § 130 StGB **außer Kraft.**
In einem weiteren Urteil, 2 BvR 2560/95 vom 7.4. 1998, gibt das BVerfG den IPbürgR als Orientierungsmaßstab vor, wenn es um Menschenrechte geht. Ein Verstoß dagegen ist laut Urteil 2 BvR 2560/985 **Rechtsbeugung.** Bei der Beugung des Rechts durch Richter und Staatsanwälte handelt es sich jedenfalls dann, wenn die Rechtsbeugungshandlung zu Freiheitsentzug führt, um schwerstes kriminelles Unrecht (Seite 5 des Urteils).
Ich betreibe Geschichtsforschung. Dazu ist das Studium von Dokumenten und das Feststellen von Tatsachen unerlässlich. Tatsachenmitteilungen stehen aber nach fast einem Dutzend BVerfG-Urteilen unter dem Schutz von Art. 5 I GG. Außerdem hat das BVerfG entschieden, dass jeder, der systematisch und planmäßig arbeitet, unter dem Schutz von Art. 5 III GG steht (BVerfGE 47, 327 = NjW 1978, S. 1621 m. w. Nachweisen).

Ich habe nur Fotokopien aus (meist) amtlichen Dokumenten vorgelegt. Authentischer kann man Tatsachenmitteilungen doch gar nicht mehr machen. Der Richter kümmerte sich jedoch nicht um die Beweisdokumente, sondern las nur meine Erläuterungen zu den Dokumenten vor. Es war eine richtige Farce . Alle Hinweise auf die Dokumente nützten nichts. Das Ergebnis war eine Gefängnisstrafe von 10 Monaten, die ich in Hannover absaß. Laut BVerfG war das Rechtsbeugung und schwerstes kriminelles Unrecht. Im Urteil des Landgerichts Hannover heißt es ausdrücklich: Die Zahlenangaben werden genau belegt, und zwar aus offiziellen oder jüdischen Quellen und aus öffentlich zugänglichen Dokumenten. Hauptquelle des Autors ist das „Gedenkbuch der Bundesregierung". Trotzdem (oder vielleicht gerade deshalb) wurde ich verurteilt.
Kriminelle Häftlinge aller Art können Vergünstigungen erhalten, z.b. die Entlassung nach 2/3 ihrer Strafzeit. Bei mir wurde rigoros alles abgelehnt, denn, so wurde mir mehrfach zu verstehen gegeben, politische Häftlinge bekommen keinerlei Pardon.

**Teil III:**

Im Jahr 2015 wurde ein Prozess geführt gegen einen 94jährigen ehemaligen SS-Soldaten, weil während seiner Anwesenheit in Auschwitz als Geldverwalter dort im Sommer 1944 300.000 ungarische Juden mit dem Schädlingsbekämpfungsmittel Zyklon B vergast worden sein sollen. Aufgrund vieler Dokumente, die alle aufzuzählen ich mir erspare, konnte ich feststellen, dass nur etwa 58.000 ungarische Juden nach Auschwitz kamen, bevor der ungarische Reichsverweser Horthy am 7. Juli 1944 die Transporte einstellen ließ. Diese 58.000 wurden nach kurzem Aufenthalt als Arbeitskräfte in andere Lager weitergeleitet. Es liegen die Empfangsbestätigungen der Lager sowie Angaben der Bundesregierung und von Yad Vashem in Jerusalem dazu vor. Sie haben Auschwitz also als lebende Menschen wieder verlassen.
Das Entscheidende aber: **Es gab in Auschwitz kein Gas.**
Durch Erlasse zweier Ministerien, beide vom 22. Juli 1943, wurde das Zyklon B für die Konzentrationslager völlig gesperrt. Auch Auschwitz erhielt ab August 1943 kein Gas mehr. Nach der Zerstörung des Herstellerwerks durch einen Bombenangriff im März 1944 konnte dann kein Gas mehr hergestellt werden. **Wie soll eine Vergasung von Menschen ohne Gas möglich gewesen sein ?**

Zum Beginn des Prozesses brachte ich eine Flugschrift mit, die die Unschuld des angeklagten früheren SS-Soldaten bewies. Wiederum erfolgte eine Anklage gegen mich und eine erneute Verurteilung zu 5 Monaten Gefängnis. Auch hier wird mir im Urteil wieder bescheinigt, gute und saubere Arbeit geleistet zu haben. Gerade dies könnte der Grund für meine Verurteilung sein. Der Vorsitzende des Deutschen Richterbundes, Gnisa, hat in seinem Buch „Das Ende der Gerechtigkeit" angegeben, dass gegen 145.000 verurteilte Straftäter noch keine Vollstreckung erfolgt ist. Mir, der ich aus öffentlichen Quellen zitiert habe, was unter dem Schutz aller Gesetze und höchstrichterlichen Urteile steht, wurden auf meine Proteste Zwangsmaßnahmen angedroht, für den Fall, dass ich nicht zu dem vorgegebenen Termin im Gefängnis erscheine. So habe ich denn die 5 Monate im ersten Halbjahr 2018 im Gefängnis in Hannover verbracht.

## b) Strafprozesse gegen Greise, die unschuldig sind

I. Der Fall Demjanjuk
1. Verurteilung ohne Verschulden
Im Jahr 2011 wurde vom Landgericht München der Ukrainer Demjanjuk wegen Beihilfe zum Mord verurteilt. Demjanjuk war während des 2. Weltkriegs in deutschen Diensten eine zeitlang als

Wachmann im Lager Sobibor eingesetzt, in dem nach Behauptungen 600.000 Juden ermordet worden sein sollen.
Nach allgemeingültigen Regeln kann nur jemand bestraft werden, wenn ihn ein Verschulden trifft. Der Bundesgerichtshof hatte schon 1969 geurteilt, dass auch Auschwitz-Aufsehern eine Individualschuld nachgewiesen werden müsse. Über dieses höchstrichterliche Urteil hat sich das Landgericht München hinweggesetzt, indem es sagte, dass auch die reine Anwesenheit an einem Ort, an dem Morde stattgefunden haben, ausreichend sei für eine Verurteilung. Auf ein Verschulden des Betreffenden komme es nicht an.

2. Vernichtungslager
In den Lagern Belzec, Sobibor und Treblinka – alle drei gelegen dicht an der deutsch/sowjetischen Demarkationslinie in Polen – wurden laut Enzyklopädie des Holocaust und der Enzyklopädie des Nationalsozialismus 3 Millionen Juden mit Kohlenmonoxyd (CO) aus Dieselabgasen ermordet. Innerhalb von 20 – 30 Minuten waren alle tot. Beide Enzyklopädien und auch 5 Professoren aus den USA nennen übereinstimmend von Dieselmotoren erzeugte Abgase als d a s Tötungsmittel. Da immer wieder Dieselabgase genannt werden, dürfte ein Irrtum ausgeschlossen sein.
Nach den Angaben von Dieselmotoren-Fachleuten liegt die Kohlenmonoxyd-Konzentration im Dieselabgas unter 0,05%. Dieselmotoren verbrennen mit Luftüberschuss und sind daher für den Untertagebetrieb im Bergbau geeignet (Baentsch, S. 79 ff.). Laut Mollenhauer (S. 686) ist das Gefährdungspotential beim Menschen für Unfälle und Selbstmorde gleich 0. Eine Untersuchung aus dem Jahr 1930 kommt zu dem Ergebnis, dass Dieselabgase „sehr wenig CO" enthalten. Wenn aber durch Dieselabgase Unfälle und Selbstmorde unmöglich sind, wie soll man dann mit Dieselabgasen Menschen ermorden können ?
Das Klinische Wörterbuch Pschyrembel gibt an, dass Menschen, die sich in einer Atemluft mit einer CO-Konzentration von 0,05% aufhalten, nach mehreren Stunden Kopfschmerzen, Schwindel und Ohnmachtsanfälle bekommen. Der Tod nach 20 – 30 Minuten ist demnach nicht möglich.
Außerdem: Leitet man die Abgase in einen Raum mit vorher sauberer Luft, dürfte die Konzentration kaum jemals 0,05% erreichen, zumal vom Dieselmotor auch noch Sauerstoff ausgestoßen wird. Da es kaum möglich ist, jemanden mit nahezu ungiftigen Dieselabgasen zu töten, können alle diesbezüglichen Behauptungen nicht stimmen, d.h. Demjanjuk und wohl noch viele andere wurden völlig unschuldig verurteilt.

3. Das Interview mit dem Oberstaatsanwalt
Das Urteil des Oberlandesgerichts München nahm die Zentrale Stelle zur Aufklärung nationalsozialistischer Verbrechen in Ludwigsburg zum Anlass, gegen etwa 30 ehemalige SS-Leute, allesamt Greise, zu ermitteln und gegen einige auch Anklage zu erheben. In einem Interview mit der Stuttgarter Zeitung, von dieser veröffentlicht am 16. April 2014, sagte der Leiter der Zentralstelle, Oberstaatsanwalt Kurt Schrimm, dass er lediglich Gesetze ausführe. Auf die Frage, wie man denn einen Koch wegen Beihilfe zum Mord anklagen könne, sagte der Leiter der Zentralstelle, dass auch ein Koch mithelfen könne, dass ein Lager funktioniert. Hätte er nicht gekocht, hätte die SS nach Hause gehen müssen. Dass es in so einem großen Lager wie Auschwitz kein KöchKG gab und welche Folgen die Befehlsverweigerung für einen Soldaten gehabt hätte, hat Herr Schrimm wohl nicht bedacht. Und was wäre aus den vielen Tausend Häftlingen geworden ? Hätte man die nach Ansicht von Oberstaatsanwalt Schrimm einfach verhungern lassen sollen, wenn die Köche nicht mehr gekocht hätten ?

II. Auschwitz-Prozess in Lüneburg
1. Die Ungarn-Aktion
Laut Zeitungsbericht ist ein 93-jähriger in Lüneburg angeklagt, und zwar geht es um die 57 Tage vom 16. Mai bis 11. Juli 1944, die sogenannte Ungarn-Aktion. Laut Angabe der Zeitung wird

behauptet, in dem genannten Zeitraum seien 425.000 Juden aus Ungarn nach Auschwitz-Birkenau deportiert und mindestens 300.000 von ihnen dort vergast (und eingeäschert) worden. Nach den Angaben der wissenschaftlichen Leiterin der staatlichen polnischen Gedenkstätte Auschwitz-Birkenau, Danuta Czech (S. 776 – 816), trafen von Mitte Mai bis 8. Juli 1944 insgesamt 26.665 (laut Pressac , S. 199, 28.000) ungarische Juden in Birkenau ein. Nach dem 8. Juli kamen keine Transporte mehr, da der ungarische Reichsverweser Horthy am 7. Juli befohlen hatte, die Deportationen einzustellen (Yad Vashem, S. 252). Zu den 28.000 kommen weitere ungarische Juden, die sich als Depot-Häftlinge (Durchgangs-Juden ohne Nummern) im Durchgangs-Lager befanden, und die mit 30.000 angegeben werden (Czech, S. 860). Rechnet man beide Zahlen zusammen, kommt man auf 56.665 bzw. 58.000. In etwa dieser Größenordnung dürfte sich die Zahl der nach Birkenau deportierten ungarischen Juden belaufen. Nach den Angaben diverser Autoren sind zusammengerechnet etwa 58.000 ungarische Juden wenig später aus Birkenau in andere Lager überstellt worden. Eine Zusammenstellung aller Abtransporte aus Auschwitz enthält ebenfalls 58.000 ungarische Juden.
Es können von ihnen also nur ganz wenige in Auschwitz zurückgeblieben sein.
Man kann daher mit ziemlicher Sicherheit davon ausgehen, dass alle nach Auschwitz deportierten ungarischen Juden das Lager als lebende Menschen wieder verlassen haben, was bedeutet, dass sie dort nicht ermordet wurden.

2. Gesonderte Judennummern
Ab 13. Mai 1944 wurde für Juden eine gesonderte Nummernserie eingeführt, beginnend mit A1. Bis 12. Juli 1944 waren laut Czech (S. 821) einschließlich der ungarischen Juden folgende Nummern vergeben:  an jüdische Männer   17.499
an jüdische Frauen    9.786
27.285
Die Nummern sind ein Beweis dafür, dass während der Ungarn-Aktion niemals 425.000 Juden nach Auschwitz gekommen sind.

3. Zyklon B
Das Ungeziefer-Vernichtungsmittel Zyklon B wurde durch zwei Ministererlasse ab 1. August 1943 für die Konzentrationslager gesperrt. Im März 1944 zerstörten alliierte Bomber die Produktionsanlagen für Zyklon B. Seitdem konnte fast kein Zyklon B mehr hergestellt werden, d.h. es gab in Deutschland kein Zyklon mehr. Da es seit August 1943 für die Lager gesperrt war, gab es in Auschwitz beim Eintreffen der ersten ungarischen Juden schon seit einem ¾ Jahr kein Zyklon mehr. Wie können aber Vergasungen durchgeführt worden sein ohne Gas ?

4. Leistungsfähigkeit der Krematorien
Die Abendzeitung München berichtet am 10. Juni 2013, dass die Münchener Krematorien im Zweischichtenbetrieb (täglich 15 Stunden) je Tag und Muffel 10 Leichen verbrennen. Brenndauer je Leiche 1,5 Stunden. Die Krematorien von Auschwitz-Birkenau waren laut Fritjof Meyer (S. 635 f.) täglich nur 9 Stunden in Betrieb. Bei der von Meyer mit 1,5 Stunden angegebenen Einäscherungsdauer konnte eine Muffel am Tag nur 6 Leichen verbrennen.
Von den im Frühjahr/Frühsommer 1943 in Betrieb genommenen 4 Krematorien wiesen 3 von Anfang an schwere Schäden auf. So wurde

Krema I    im Mai 1943 stillgelegt und nach Reparatur wieder ab September benutzt
Krema II   seit 26. Juni 1943 durchgehend benutzt
Krema III  im Mai 1943 stillgelegt, da nicht funktionsfähig
Krema IV   als Totalausfall im Juni/Juli 1943 verzeichnet

Während der Ungarn-Aktion im Sommer 1944 waren nur die Kremas I und II mit je 15 Muffeln verfügbar. Bei einer Tageskapazität von 6 Leichen je Muffel konnten am Tag nur 180 Leichen eingeäschert werden, d.h. in 57 Tagen höchstens 10.260.
Amerikanische Aufklärer haben wiederholt, so z. B. am 31. Mai und am 26. Juni 1944, festgestellt, dass die Krematorien keinerlei Aktivitäten zeigten (Pressac, S. 200 f.) Die in den Kremas tatsächlich erfolgen Verbrennungen müssen demnach um etliches unter 10.260 gelegen haben.
Wenn die in der Zeitung genannten Ermordungen von mindestens 300.000 Menschen in 57 Tagen stattgefunden hat, bedeutet dies, dass es täglich mindestens 5.263 Tote gegeben haben muss. Da die Krematorien täglich nur 180 Leichen verbrennen konnten, blieben jeden Tag mehr als 5.000 übrig, insgesamt mehr als 290.000 unverbrannte Leichen. Wo sind sie geblieben ? Verbrennungen im Freien hätten zahllose Feuer erfordert, die von den amerikanischen Aufklärern unvermeidlich hätten gesehen bzw. fotografiert werden müssen.

III. Ergebnis
In den Vernichtungslagern Belzec, Sobibor und Trebinka können mit den weitgehend harmlosen Dieselabgasen keine Menschen vernichtet worden sein. Alle Angeklagten bzw. Verurteilten sind angeklagt bzw. verurteilt worden für Morde, die niemand begehen konnte.
Die Massenmorde im Konzentrationslager Auschwitz konnten in dem behaupteten Umfang nicht stattgefunden haben, da das Ungeziefer-Vernichtungsmittel Zyklon B zu 97 - 98% für die Entlausung verwandt wurde (Pressac, S. 58). Ab Herbst 1943 gab es kein Gas mehr, so dass keine Vergasungen stattfinden konnten.
Die Verbrennungskapazitäten reichten bei weitem nicht aus, um große Menschenmassen zu beseitigen. Verbrennungen im Freien  - von Ausnahmefällen vielleicht abgesehen - kann es auch nicht gegeben haben, denn das hätten die amerikanischen Aufklärer unweigerlich merken müssen.

Quellen- und Literaturverzeichnis

| | |
|---|---|
| Baentsch, Erich | Dieselmotoren-Praxis, Fachverlag Schiele & Schön, Berlin 1987 |
| Benz, Wolfgang und andere | Enzyklopädie des Nationalsozialismus, Deutscher Taschenbuch Verlag München 1998 |
| Czech, Danuta | Kalendarium der Ereignisse im Konzentrationslager Auschwitz-Birkenau 1939 – 1945, Rowohlt, Reinbek 1989 |
| Hoff, Herbert | Dokumentation zum Thema Holocaust, Eigenverlag Arnold Höfs, 2011 |
| Meyer, Fritjof | Die Zahl der Opfer von Auschwitz, in: Osteuropa, Zeitschrift für Gegenwartsfragen des Ostens, Heft Mai 2002, S. 631 ff. |
| Mollenhauer, Klaus | (Hrsg) Handbuch Dieselmotoren, Springer, Berlin u. Heidelberg |
| Pressac, Jean-Claude | Die Krematorien von Auschwitz, Piper, München 1994 |
| Pschyrembel | Klinisches Wörterbuch, Walter de Gruyter, Berlin, New York 1998 |
| Yad Vashem | Enzyklopädie des Holocaust, Jerusalem und Tel Aviv, deutsche Ausgabe Argon Berlin 1993 |

c) Zum Urteil des Bundesgerichtshofs 3StR 49/16 vom 20. September 2016 betreffend Oskar Gröning (NJW 7/2017, Seite 498)

Der BGH geht davon aus, ohne Beweise dafür zu verlangen, dass Gröning an der sog. „Aktion Reinhard" mitgewirkt hat, bei der die in Polen und der Ukraine lebenden Juden vernichtet werden sollten. Diesem Zweck dienten insbesondere die in Belzec, Sobibor und Treblinka errichteten Vernichtungslager sowie das Konzentrationslager Auschwitz.

Im Lager Auschwitz kamen in der Zeit vom 16. Mai bis zum 11 Juli 1944 insgesamt 141 Züge mit 430.000 Juden aus Ungarn an. Zugunsten des Angeklagten ist die Strafkammer davon ausgegangen, dass mindestens 300.000 der Deportierten sofort getötet wurden. In 2 ehemaligen Bauernhäusern und 4 großen Gaskammern mit angeschlossenen Krematorien konnten pro Tag bis zu 5.000 Menschen getötet und verbrannt werden.
Gröning war in der „Häftlingsgeldverwaltung", einer Unterabteilung der „Häftlingseigentumsverwaltung" tätig. An zumindest drei Tagen soll er, mit einer Pistole bewaffnet, „Rampendienst" bei den ankommenden Transporten versehen haben. Gröning war, auch wenn er keinen Rampendienst versah, durch seine allgemeine Dienstausübung Teil der „industriellen Tötungsmaschinerie" in der „Ungarn-Aktion" und deren reibungsloser Umsetzung. Mehr ist für die Annahme eines Gehilfenbeitrags zu den Mordtaten der „Ungarn-Aktion" in subjektiver Hinsicht nicht erforderlich.

Bewertung
Der BGH ergeht sich nur in allgemeinen Äußerungen. Die einzig konkrete Angabe, die er macht, besagt, dass in der Zeit vom 16. Mai bis 11. Juli 1944 (in 57 Tagen) 141 Züge mit 430.000 ungarischen Juden nach Auschwitz kamen und dass pro Tag bis zu 5.000 Menschen getötet, d.h. mit Zyklon B (das es 1944 aber gar nicht mehr gab) vergast und dann verbrannt wurden. Das gibt Anlass zu folgenden Überlegungen:

    430.000 Menschen in 141 Zügen bedeuten  3.050 pro Zug
    141 Züge in 57 Tagen sind      2,474 Züge pro Tag
    2,474 Züge x 3.050 Menschen sind 7.546 pro Tag
    Ermordet wurden täglich bis zu    5.000   x 57 Tage = 285.000
    Es blieben demnach täglich übrig   2.546
    2.546 x 57 Tage = 145.122

Bei einem Zeitaufwand von 1,5, Stunden für das Verbrennen einer Leiche und 30 Muffeln in den beiden noch intakten Krematorien von Auschwitz-Birkenau beträgt die
maximale Verbrennung bei 24 Stunden Dauerbetrieb    30 x 16 = 480   x 57 = 27.360
dgl. laut SPIEGEL-Redakteur Fritjof Meyer (9 Stdn)    30 x 6  = 180 x 57 = 10.260

Der BGH beschäftigt sich nicht damit, wo die vielen unverbrannten Leichen (285.000 – 27.360 = 257.640) geblieben sind. Er untersucht auch nicht, was aus den 145.122 nicht Ermordeten geworden ist. Nicht beachtet er auch die Tatsache, dass es nach der Bombardierung des Herstellerwerks im März und Mai 1944 in Deutschland kein Zyklon mehr gab. Ein anderes Gas für die Vergasung wird nicht genannt.
Im Endeffekt fragt man sich, ob die BGH-Richter nicht rechnen oder nicht denken können oder ob sie die Wahrheit nicht wissen w o l l e n . Makaber wird es, wenn ein solches Urteil für die unteren Gerichte als bindend angesehen wird.

# 7. Die Einleitung zu den Standort- und Kommandanturbefehlen des Konzentrationslagers Auschwitz 1940 – 1945

## 1. Zunächst einige Fakten

Als zu Gorbatschows Zeiten in Moskau die Archive geöffnet wurden, kamen neben vielen Akten auch die Sterbebücher des ehemaligen Konzentrationslagers Auschwitz und die Standort- und Kommandanturbefehle des Lagers zum Vorschein. Laut Sterbebüchern sind bis 31. Dezember 1943 im Lager Auschwitz 68.864 Häftlinge gestorben, darunter 29.125 Häftlinge mosaischen Glaubens. Die Sterbebücher ab Januar 1944 fehlen. Nach den Angaben von Yehuda Bauer, Professor für Holocauststudien an der Hebräischen Universität Jerusalem, in der Jerusalem Post International Edition vom 30. September 1989 verstarben in Auschwitz insgesamt 29.980 Juden (Chasaren). Die wissenschaftliche Leiterin der polnischen Gedenkstätte Auschwitz, Danuta Czech, nennt in ihrem Kalendarium zahlreiche Daten, an denen das vom Lager bezogene blausäurehaltige Ungeziefervernichtungsmittel Zyklon B zwischen Februar/März 1942 und Juli/August 1943 zu umfangreichen Gebäude-Entlausungen verwandt wurde, (Czech, S. 179, 271,292,317,559,574), so auch eine Entlausung von 10 Kasernenkomplexen am 12. August 1942. Der französische Apotheker Jean-Claude Pressac kam nach mehrjähriger Arbeit vor Ort (mit Unterbrechungen) zu dem Schluss, dass 97 bis 98% des vom Lager Auschwitz bezogenen Zyklon B für die Entlausung verwendet worden sind (Pressac, S. 58). Mit den restlichen ca. 2% konnten niemals die vielfach behaupteten Massenvernichtungen von Menschen erfolgen, denn bei Blausäurevergiftungen gibt es nur zwei Möglichkeiten: Der Mensch bekommt soviel Gift, dass er davon stirbt; von nicht tödlichen Blausäurevergiftungen erholen sich die Vergifteten auch ohne Behandlung vollständig, eine chronische Vergiftung ist nicht bekannt (Ullmanns Encyklopädie der technischen Chemie, Bd.9, S. 655, 670).

Bezüglich der Auschwitz-Häftlinge interessieren aber nicht die Häftlinge insgesamt, sondern nur die Chasaren (Juden) unter ihnen. Um vier Millionen (wie 60 Jahre lang behauptet) oder auch nur eine Million Juden (Chasaren) ermorden zu können ist Voraussetzung, dass mindestens die erforderliche Million in Auschwitz war. Laut Angaben des Nachfolgers von Czech, Franciszek Piper (S. 57, 102), weisen die Zugangslisten für das Jahr 1941 1.079 und für 1942 10.117 Juden (Chasaren) aus. Im Schreiben des SS Wirtschafts-Verwaltungshauptamtes, Oranienburg, vom 4. 9. 1943 wird die Zahl der in Auschwitz befindlichen Juden (Chasaren) mit 25.000 angegeben. Ab Mai 1944 wird für Juden eine eigene Nummernserie eingeführt. Laut Czech waren es 62.533 und laut Piper 64.251 Judennummern. Der Direktor der Gedenkstätte, Kazimiers Smolen, nennt pauschal 65.000. Hinzugerechnet zu den 25.000 ergibt dies 90.000. Hier fehlt ein Zeitraum von 8 Monaten, für den man eine Schätzzahl einsetzen muss. Insgesamt dürften demnach in Auschwitz kaum mehr als 100.000 Chasaren (Juden) aufgenommen worden sein.

Nach den Angaben diverser westdeutscher Gedenkstätten (Kolb, Neander, Schawe, Stein) und der Enzyklopädie des Holocaust wurden gegen Kriegsende 1944/45 etwa 65.000 Juden (Chasaren) aus Auschwitz in westliche Lager evakuiert, d.h. sie haben das Lager Auschwitz als lebende Menschen verlassen, sind dort also nicht ermordet worden. Daraus ergibt sich folgende Rechnung:

    In Auschwitz aufgenommen           ca. 100.000
    dort verstorben laut Yehuda Bauer     29.980
    1944/45 evakuiert (teilweise geschätzt)    65.650      95.630
    ungeklärter Rest                                         4.370

Es gab aber noch etliche kleine Lager, in die auch Häftlinge aus Auschwitz gekommen sein können.

## 2. Vergleich der Einleitung mit den Befehlen

Obige Fakten vorausgesetzt, ergibt sich nun folgende Betrachtung:
Die Einleitung nennt als erstes einen Sonderbefehl des Kommandanten Höß vom 12. August 1942,

in dem auf einen Unglücksfall vom selben Tag Bezug genommen wird. Ein SS-Mann hatte sich bei dieser großen Gebäudeentlausung eine leichte Blausäurevergiftung zugezogen. Kommandant Höß nimmt dies zum Anlass, darauf hinzuweisen, dass beim Öffnen der vergasten Räume von SS-Angehörigen ohne Maske wenigstens 5 Stunden hindurch 15 Meter Abstand von der Kammer gewahrt werden muss. Es heißt ausdrücklich „beim Öffnen der vergasten Räume"; es heißt nicht „nach Vergasungen in Räumen". Es werden also die Räume als solche vergast, nicht irgendwelche Gegenstände oder Menschen in den Räumen. Von alledem wird in der Einleitung nichts erwähnt. Verschwiegen wird, dass sich der Unglücksfall bei der Entlausung der 10 Kasernenblöcke ereignete. So wird laut Befehl Nr. 2/42 „das Stabsgebäude vergast".

Unerwähnt bleibt auch, dass die SS-Leute genau so entlaust wurden wie die Häftlinge, nämlich Entfernen sämtlicher Körperhaare und gründliches Duschen mit anschließender Nachkontrolle durch Sanitäter, während ihre Kleidung und Ausrüstung (bei den Häftlingen Effekten genannt) in die Gaskammer kam. So wurden durch Standortbefehl Nr. 25/42 im September 1942 z. B. 10 SS-Kompanien nach dieser Methode entlaust. Erwähnt wird lediglich, dass es regelmäßige Entlausungen gab (S. ii), ohne näher darauf einzugehen.

Eines wird in der Einleitung mit aller Deutlichkeit klargestellt: In den vorgelegten Dokumenten befinden sich keine Anweisungen zum Massenmord. Auch Bezugnahmen auf die „Endlösung der Judenfrage" finden sich in den Befehlen nur selten, und auch nur dann, wenn man zwischen den Zeilen liest (oder was man (böswillig) in die Zeilen hineininterpretieren will). Obwohl es weder Anweisungen noch sonstige Beweise für den Massenmord gibt, wird dieser grundsätzlich unterstellt. Mitgeteilt wird, dass der Leiter der politischen Abteilung, Grabner, vom SS-Gericht „zu Fall" gebracht wurde. Das ist die verdeckte Umschreibung dafür, dass Grabner wegen willkürlicher Erschießungen in ca. 40 Fällen vom SS-Gericht zum Tode verurteilt, später aber zu 12 Jahren Haft begnadigt wurde (Czech S. 896). In diesem Zusammenhang sei erwähnt, dass viele SS-Leute wegen Vergehens an Häftlingen verurteilt wurden, darunter 5 Lagerkommandanten, 2 von ihnen zum Tod. Das Misshandeln von Häftlingen wurde bestraft, das willkürliche Töten von Häftlingen mit einem Todesurteil.

Laut Einleitung wurde in Auschwitz Gewalt zum Habitus, Inhumanität war Beruf, Härte der Auftrag. Nehmen wir einige der „harten" und „inhumanen" Befehle in Augenschein:

Nr. 19/43   Verbot der Sonntagsarbeit für Häftlinge, soweit nicht unbedingt erforderlich.
Nr. 31/43   Jeder Häftling, der mit Arrest zu belegen ist, ist dem Arzt vorzuführen.
Nr. 51/43   Das Eigentum der Häftlinge, gleich was es ist, bleibt unangetastet.
Nr. 1/43    Die Lagerführer haben für ordnungsgemäße Bekleidung der Häftlinge, Decken usw. zu sorgen.
Nr. 4/44    Jede Misshandlung eines Häftlings ist umgehend zu melden. Kein SS-Mann darf Hand an einen Häftling legen.
Nr. 7/44    Trotz wiederholter Ermahnungen kommt es immer wieder vor, dass als Posten eingeteilte SS-Männer gemeinsam mit Häftlingen „organisieren", von diesen Geld oder Zigaretten entgegen nehmen oder die Schiebereien von Häftlingen unterstützen oder sogar noch decken.

Durch Erlass des Reichsführers SS, Himmler, vom 26.10. 1943 wurde angeordnet, dass die Arbeitskraft der Häftlinge zu erhalten und zu heben ist. Nach Vernichtung klingt das gerade nicht.

Ergänzend noch einige Angaben aus dem Kalendarium von Danuta Czech:
S. 282   Alle Kommandanten werden angewiesen, Misshandlungen von Häftlingen zu unterbinden.
S. 366   Die Sterblichkeit in den Lagern ist zu senken. Ärzte haben die Ernährung zu überwachen. Die Arbeitsbedingungen sind zu verbessern.
S. 428   2. März 1943: Von Kommandant Höß wird betont, dass die Arbeitsfähigkeit der neu

eintreffenden Juden unbedingt zu erhalten sei (d.h. sie sind ordentlich zu behandeln).

S. 964 Jüdische Häftlinge, die wieder arbeitsfähig sind, werden aus dem Krankenbau entlassen und wieder in den Arbeitsprozess eingegliedert.

Laut Einleitung (S. iii) war die persönliche Bereicherung am Eigentum der Häftlinge gang und gäbe. Nirgendwo aber dürfte die Ausbeute für die SS so lukrativ gewesen sein wie in Auschwitz. Diese Behauptung wird durch den Befehl Nr. 51/43, der das Eigentum der Häftlinge für unantastbar erklärt, glatt widerlegt. Noch eine wichtige Tatsache wird unterschlagen, denn im Sonderbefehl vom 14.2.1944 heißt es, dass in Auschwitz innerhalb von 2 ½ Monaten weit über eine Million Pakete eingegangen sind. Verderbliche Lebensmittel sind an andere schlechter gestellte Häftlinge abzugeben. Bei etwa 50.000 Häftlingen wären das mehr als 20 Pakete pro Person. Die Häftlinge müssen demnach in dieser Zeit überversorgt gewesen sein.

Der weitaus größte Teil der Befehle betrifft die alltägliche Lagerroutine, das Verhalten und die Kleidung der SS-Leute, Urlaubsregelungen, Familienangelegenheiten und vieles mehr, was nicht besonders erwähnenswert ist.

### 3. Entschlüsselte Funksprüche als Nachweis und Erkenntnisquelle

Bekannt ist - ohne auf die Einzelheiten näher einzugehen – dass der englische Geheimdienst in seinem Abhörzentrum Blechley Park die deutschen Funksprüche abhören und entschlüsseln konnte. In England war man also über alle Vorgänge in Deutschland bestens informiert, auch über die Vorgänge in den deutschen Konzentrationslagern . Diese entschlüsselten Funksprüche dürften das zuverlässigste Informationsmaterial sein, das es über die Konzentrationslager gibt. Auch in ihnen findet man keine Spur eines Beweises für Judenvernichtungen.
Schon 1981 hatte der Analyst des britischen Geheimdienstes F. H. Hinsley (S. 673) festgestellt:
*die Ausbeute von Auschwitz, dem größten Lager mit 20.000 Gefangenen, ergab Krankheit als Haupttodesursache, schloss aber auch Berichte über Erschießungen und Erhängen ein. Es gab keine Meldungen in den Entschlüsselungen über Vergasungen.*
Mitte der 90-er Jahre wurden die entschlüsselten Funksprüche der Konzentrationslager freigegeben und der Öffentlichkeit zugänglich gemacht, was zu erheblichen Protesten der Holocaust-Industrie führte. Die Experten mussten sich dafür entschuldigen, dass der britische Geheimdienst keine Funksprüche über den Holocaust aufgefangen hatte. Sie wurden verpflichtet, zu vermuten,dass sich hinter harmlosen Sätzen teuflische Absichten verbargen, obwohl die Auswertung durch den britischen Geheimdienst nur dem gesunden Menschenverstand entsprach.
Im Herbst 2012 konnten vertrauliche Kriegsdokumente eingesehen werden, die an Premierminister Winston Churchill gegangen waren einschließlich der Entschlüsselungen unmittelbar aus Auschwitz.Von den Originaltexten aber wollen die Holocausthistoriker nichts wissen.

Die Überwiegende Mehrzahl der Funksprüche aus den Lagern enthält Aufstellungen über die Insassen, über Zu- und Abgänge über Arbeitseinsätze sowie Tätigkeitsberichte aus den verschiedenen Lagern. Die Juden in Auschwitz werden in einem achtungsvollen Ton erwähnt als geschickte Industriearbeiter und andernorts dringend benötigte Uhrmacher (Stimme, S. 7). Wer vernichtet seine besten Arbeiter, während er sie dringend braucht ? Man kann nicht die Leute ermorden und sie gleichzeitig für sich arbeiten lassen.

### 4. Ergebnis
Versucht man, eine Abstimmung zwischen der Einleitung und den Befehlen vorzunehmen, gewinnt man den Eindruck, dass der Schreiber der Einleitung die Befehle und auch viele andere Fakten gar nicht kennt. Er behauptet Dinge die sich bei näherem Hinsehen als falsch erweisen. Er

verschweigt Vorgänge oder stellt sie ganz anders dar als sie wirklich waren. So wird stillschweigend vom Massenmord in Auschwitz ausgegangen, obwohl es nach eigener Aussage keinerlei Anweisungen dafür gibt. Auch die behauptete inhumane harte Gewalt gegen Häftlinge findet in den Befehlen keinerlei Bestätigung, eher das Gegenteil. Das Verhältnis zwischen Häftlingen und ihren SS-Bewachern scheint mehr auf einer humanen, fast kumpelhaften Basis gestanden zu haben (siehe Befehl Nr. 7/44). Insgesamt muss man feststellen, dass in der Einleitung sehr viel Böswilligkeit enthalten ist. Die Dinge werden krampfhaft so hingedreht, wie man sie für eine negative Darstellung haben will. Damit kommt der Einleitung keinerlei Aussagewert zu.

Aus den in England aufgefangenen Funksprüchen der Lager ergibt sich keine andere Erkenntnis.

Da in den Originalquellen
1. den Zahlenangaben der polnischen Gedenkstätte Auschwitz und diverser staatlicher Gedenkstätten in Deutschland
2. den schriftlich vorliegenden Befehlen aus den Archiven in Moskau und anderswo
3. den in England entschlüsselten Funksprüchen aus Auschwitz

keinerlei Hinweise auf Massenmord enthalten sind, muss man sich die Frage stellen, ob es im Konzentrationslager Auschwitz Massenmorde gegeben hat.

**Quellennachweis:**

Bauer, Yehuda  Auschwitz: The dangers of distortion, in: Jerusalem Post International, Week Ending 30. September 1989, S. 7
Czech, Danuta  Kalendarium der Ereignisse im Konzentrationslager Auschwitz-Birkenau 1939-1945, Rowohlt, Reinbek 1989
Enzyklopädie des  Holocaust, erarbeitet von Yad Vashem, Jerusalem, und Sifriat Poalim Publishing House, Tel Aviv, deutsche Ausgabe, Argon, Berlin 1993
Hinsley F. H.  „British Intelligence in the Second World War – Its Influence on Strategy and Operations", Vol. II, London 1991, first published 1981, amtliche Publikation von Her Majesty's Stationary Office
Kolb, Eberhard  Bergen-Belsen 1943-1945, herausgegeben von der Niedersächsischen Landeszentrale für politische Bildung, Vandenhoeck & Ruprecht, 2002
Neander, Joachim  „Hat in Europa kein annäherndes Beispiel" Landeszentrale für politische Bildung Thüringen, Metropol Verlag, Berlin 2000
Piper, Franciszek  Die Zahl der Opfer von Auschwitz, Verlag Staatl. Museum v. Oswiecim, 1993
Pressac, J. -C.  Die Krematorien von Auschwitz, Piper, München 1994
Schawe, Karin  KZ-Gedenkstätte Neuengamme, Herausgegeben von der KZ-Gedenkstätte
Stein, Sabine  Konzentrationslager Buchenwald 1937-1945, herausgegeben von der Gedenk-
und Harry  stätte Buchenwald, Wallstein Verlag, Göttingen 2000 und Ein Rundgang durch die Gedenkstätte, Gedenkstätte Buchenwald 1993
Stimme des Reichs  Nr. 3/2013, Verden/Aller
Tuchel, Johannes  Die Inspektion der Konzentrationslager 1938-1945, Edition Hentrich, Berlin 1994 (Schreiben des SS Wirtsch.-Verw.Hauptamts vom 4.9. 1943)

**8. Auszüge** aus dem „Kalendarium der Ereignisse im Konzentrationslager Auschwitz-Birkenau 1939 - 1945" von Danuta Czech, ehemalige wissenschaftliche Leiterin der Gedenkstätte Auschwitz (Rowohlt, Reinbek 1989) sowie den „Standort- und Kommandanturbefehlen des Konzentrationslagers Auschwitz 1940 - 1945" (K.G. Saur, München 2000).

1. Das Mittel Zyklon B
   Dass das Ungeziefer-Vernichtungsmittel Zyklon B im Lager Auschwitz zur Vernichtung der Läuse durch Begasung der Gebäude und anderer Dinge verwandt wurde und damit zur Rettung von Menschenleben und nicht zu deren Vernichtung diente, ergibt sich aus der „Dokumentation zum Thema Holocaust", Faktenspiegel VII, Anlagen 35 bis 35t bzw. Seiten 57 – 76 und aus Faktenspiegel VIII, Ende der Auschwitz-Legende ?, Seiten 31 ff.

2. Auszüge aus dem Kalendarium von Danuta Czech
   S. 158   Im Jahr 1941 wurden 17.270 Häftlinge eingeliefert *(nicht 17.270 Juden)*
   S. 282   Häftlinge wurden wegen Misshandlung von Mithäftlingen durch Gerichte bestraft. Alle Kommandanten wurden angewiesen, solche Misshandlungen zu unterbinden.
   S. 356   Malkinia (dicht bei Treblinka liegend) wird als „Durchgangslager" bezeichnet.
   S. 366   Erlass vom 28.12. 1942: Die Sterblichkeit in den Lagern ist zu senken. Ärzte haben die Ernährung zu überwachen. Die Arbeitsbedingungen sind zu verbessern.
   S. 428   2. März 1943: Es wird von Kommandant Höß betont, dass die Arbeitsfähigkeit der neu eintreffenden Juden unbedingt zu erhalten sei *(was bedeutet, dass sie gut zu behandeln sind).*
   S. 535   Juni 1943: Einrichtung eines Bordells in Auschwitz.
   S. 773   Laut illegal errichteter Liste: 55.859 Juden-Nummern
   S. 821   12. Juli 1944, im Stammlager befinden sich 8.189 Juden.
   S. 896   6. Oktober 1944, der Chef der politischen Abteilung, Grabner, wird von einem SS-Gericht wegen willkürlicher Erschießungen in ca. 40 Fällen zum Tode verurteilt, später zu 12 Jahren Haft begnadigt.
   S. 922   Das Durchgangslager in Auschwitz wird geschlossen, die letzten Insassen werden in andere Lager verlegt.
   S. 964   Jüdische Häftlinge, die wieder arbeitsfähig sind, werden aus dem Krankenbau entlassen und wieder in den Arbeitsprozess eingegliedert. *(Es trifft also nicht zu, dass arbeitsunfähige Juden vergast wurden, sie wurden, im Gegenteil, gesund gepflegt).*

3. Auszüge aus den Standort- und Kommandanturbefehlen
   Kommandanturbefehl   6a/40 v. 28.9. 40       tägl. Arbeitszeit der Häftlinge 8,5 Stdn
   „                    3/41 v. 5.4. 41         „       „        „        „     9 „
   K – Sonderbefehl     1/42 v. 15.4.42         Sonntagsarbeit entfällt grundsätzlich
   Kommandanturbefehl   o.Nr. v. 17.4.42        tägl. Arbeitszeit der Häftlinge 11 Stdn
   „                    19/43 v. 27.5. 43       Verbot der Sonntagsarbeit für Häftlinge, soweit nicht unbedingt erforderlich.
   Standortbefehl       31/43 v. 6.8. 43        Jeder Häftling, der mit Arrest zu belegen ist, ist dem Arzt vorzuführen.
   „                    44/43 v. 2.10. 43       tägl. Arbeitszeit der Häftlinge 10,5 Stdn.
   „                    51/43 v.16.11.43        Das Eigentum der Häftlinge, gleich was es ist, bleibt unangatastet.( *Dieser Befehl widerlegt alle Behauptungen, wonach den Häftlingen ihr Eigentum von der SS geraubt wurde*).
   Kommandanturbefehl   1/43 v. 2.12. 43        Die Lagerführer haben für ordnungsgemäße

                         Bekleidung der Häftlinge, für Decken usw. zu sorgen

Standortsonderbefehl v. 14.2. 44 Der Zählappell darf nicht länger als 10 -15 Min.sein. Der Verpflegung ist höchstes Augenmerk zuzuwenden. In Auschwitz sind innerhalb von 2 ½ Monaten weit über 1 Million Pakete eingegangen. Verderbliche Lebensmittel sind an andere schlechter gestellte Häftlinge abzugeben. (*Bei etwa 50.000 Häftlingen wären das mehr als 20 Pakete pro Person. Die Häftlinge müssen demnach in dieser Zeit überversorgt gewesen sein.*)

Kommandanturbefehl 4/44 v. 22.2. 44 Jede Misshandlung eines Häftlings durch einen Zivilisten ist umgehend zu melden. Kein SS-Mann darf Hand an einen Häftling legen. (*Hier werden die vielen Behauptungen widerlegt, wonach das Misshandeln von Häftlingen geduldet wurde*).

Kommandanturbefehl 7/44 v. 19.6. 44 Trotz wiederholter Ermahnungen und Belehrungen kommt es immer wieder vor, dass als Posten eingeteilte SS-Männer gemeinsam mit Häftlingen „organisieren", von diesen Geld oder Zigaretten entgegen nehmen oder die Schiebereien von Häftlingen unterstützen und sogar noch decken. (*Dieser Befehl besagt dass zwischen Häftlingen und SS-Bewachern ein eher kumpelhaftes Verhältnis bestanden hat. Er widerlegt viele Behauptungen über brutale Schikanen an Häftlingen durch SS-Wächter.*)

Der Reichsführer SS v. 26.10. 43  Die Arbeitskraft der Häftlinge ist zu erhalten und
    Chef des SS-WVHA   zu heben.
An alle Lagerkommamdanten   1. Durch richtige und zweckentsprechende Ernährung
                                       2. Durch entsprechende Kleidung
                                       3. Natürliche Gesundheitsmittel
                                       4. Vermeidung unnötiger Anstrengungen
                                       5. Leistungsprämien

(*In Auschwitz und nicht nur dort wurde demnach alles getan, um Gesundheit und Arbeitskraft der Häftlinge zu erhalten. Willkürliche Menschenvernichtungen kann es demnach nicht gegeben haben.*)

# 9. Die deutsche Enigma und ihre Entschlüsselung

### 1. Die Verschlüsselung von Funksprüchen
Wenn jemand funkt, kann das jeder, der ein entsprechendes Gerät besitzt, mithören bzw. mitlesen. Damit so etwas nicht geschieht, müssen Funksprüche mit einem Geheimschlüssel versehen werden, den nur die Eingeweihten kennen.
 In Deutschland gründeten die Herren Scherbius und Ritter 1918 eine Firma, die allerlei elektrische Geräte herstellte. Scherbius, ein findiger und umtriebiger Geist, machte sich daran, aus einer bereits bestehenden Chiffriermaschine eine elektrische Version zu bauen, die er Enigma nannte. Sie sollte die gefürchtetste Chiffriermaschine der Geschichte werden (Singh, S. 160).
 Engländer, Amerikaner und Franzosen, die schon seit den Tagen des 1. Weltkriegs ständig den deutschen Funkverkehr abhörten und entziffern konnten, wurden ab 1926 mit Funksprüchen konfrontiert, aus denen sie sich keinen Reim mehr machen konnten. Die Enigma war auf den Plan getreten. Alle Versuche der Westmächte, den Enigma-Schlüssel zu knacken, scheiterten kläglich. Deutschland hatte jetzt das sicherste militärische Fernmeldesystem der Welt (Singh, S. 179).
 Auch die Polen überwachten erfolgreich den deutschen Funkverkehr, bis sie 1926 auf die Enigma stießen. Ein Verräter gab dann den Feinden Deutschlands die Schlüssel in die Hand.

### 2. Verrat der Enigma-Schlüssel
Hans-Thilo Schmidt, 1888 als Sohn eines Professors und seiner adligen Frau geboren, schlug eine militärische Laufbahn ein, doch nach dem 1. Weltkrieg gehörte er zu denen, die infolge des Versailler Diktats entlassen wurden. Sein Versuch, mit einer Seifenfabrik zu überleben, scheiterte in der Inflation, und so stand er mit seiner Familie mittellos da (Singh, 180 f.).
 Sein älterer Bruder Rudolph hatte inzwischen beim Militär Karriere gemacht und war zum Stabschef des Fernmeldekorps befördert worden. Rudolph besorgte seinem Bruder Arbeit in der Berliner Chiffrierstelle, der hochgeheimen Schaltzentrale für die Enigma, in der streng geheime Informationen über die Tische gingen (Singh, S. 181).
 Nun mag man darüber spekulieren, was H.-T. Schmidt zu seinem Verrat veranlasste. War es Geldgier, waren es Schulden aus seinem Konkurs? Jedenfalls begann er, nebenbei illegal Geld zu verdienen, indem er Geheimnisse verriet. Am 8. November 1931 traf er sich im Grand Hotel der belgischen Stadt Verviers mit einem französischen Agenten und ließ diesen für 10.000 Mark zwei Dokumente fotografieren: die „Gebrauchsanweisung für die Chiffriermaschine Enigma" und „die Schlüsselanleitung für die Chiffriermaschine Enigma". Dank Schmidts Verrat war es den Alliierten nun möglich, ein genaues Duplikat der deutschen Enigma zu bauen. Jetzt war nur noch erforderlich, die nötigen Schlüssel zu kennen.
 Auch die Polen hatten ihr Interesse an allem bekundet, was mit der Enigma zu tun hatte, und so händigten die Franzosen ihnen ihre Fotos aus. Die Polen bauten die Enigma sofort nach und unternahmen alle Anstrengungen, den Enigma-Code zu knacken.

Die Enigma-Operatoren erhielten jeden Monat ein neues Schlüsselhandbuch, das für jeden Tag einen Schlüssel vorschrieb (Singh, S. 183). Ohne die Kenntnis der Schlüssel nutzt der Besitz der Maschine nicht viel. Doch hier half Schmidt, indem er in den folgenden sieben Jahren bei 20 Treffen mit dem französischen Agenten diesem ein oder mehrere Schlüsselhandbücher übergab, jedes mit den Schlüsseln eines Monats. Insgesamt lieferte er Schlüsselbücher für 38 Monate, die die wenig interessierten Franzosen nach Polen gaben. (Singh, S. 195). Während die Polen nunmehr erfolgreich die deutschen Funksprüche mitlesen konnten, gelang es Briten und Franzosen 13 Jahre lang nicht, den Enigma-Code zu knacken (Singh, S. 199).
 Als die Deutschen im Dezember 1938 die Enigma-Verschlüsselung komplizierter machten und Schmidt nicht mehr lieferte, war die neuerliche Undurchdringlichkeit der Enigma ein schwerer Schlag für die Lauscher. Im Juli 1939 informierten sich dann englische und französische Fachleute

im polnischen Abhörzentrum. Danach gingen zwei den Polen entbehrliche Nachbauten der Enigma nach Paris und im August eine davon nach London (Singh, S. 199). So studierten im Herbst 1939 Wissenschaftler und Mathematiker in Bletchley Park bei London die komplizierte Wirkungsweise der Enigma und machten sich polnische Techniken schnell zu eigen. Systematisch versuchten sie, aus der gewaltigen Menge der vorher von den Polen entschlüsselten Funksprüche nach dem Prinzip Versuch und Irrtum den neuen Schlüssel zu finden, jedoch ohne Erfolg (Singh, S. 211). Im Endeffekt blieb nur eine Möglichkeit: Man musste die Schlüssel stehlen. In einer Reihe wagemutiger Überfälle auf Wetterschiffe und U-Boote erbeutete England endlich einige deutsche Schlüsselbücher, die Bletchley Park aus dem schwarzen Loch der Aufklärung heraushalfen (Singh, S. 225 f.). Nun konnte man alle deutschen Funksprüche ohne Probleme mitlesen. In Bletchley Park wusste man jetzt, wo die deutschen U-Boote lauerten, und die Admiralität konnte die englischen Schiffskonvois in großem Bogen um sie herumleiten. Offen zutage lagen auch Rommels Pläne in Nordafrika und so konnten entsprechende Gegenmaßnahmen ergriffen werden oder man konnte deutschen Vorstößen ausweichen.

### 3. Funkspruch-Entschlüsselungen und Holocaust

Die Abhörspezialisten in Bletchley Park konnten nun auch alle Funksprüche aus den deutschen Konzentrationslagern mitlesen. Diese entschlüsselten Funksprüche dürften das zuverlässigste Informationsmaterial sein, das es über die Konzentrationslager gibt. In ihnen findet man keine Spur eines Beweises für Judenvernichtungen.
Nach mehreren Eingaben an die britische Regierung konnte 1974 schließlich ein Buch über die Vorgänge in Bletchley Park erscheinen, das den Schleier des Geheimnisses hob (Singh, S. 232). Im Jahr 1981 hatte der Analyst des britischen Geheimdienstes F. H. Hinsley (S. 673) festgestellt:
*die Ausbeute von Auschwitz , dem größten Lager mit 20.000 Gefangenen, ergab Krankheit als Haupttodesursache, schloss aber auch Berichte über Erschießungen und Erhängen ein. Es gab keine Meldungen in den Entschlüsselungen über Vergasungen.*
Mitte der 90-er Jahre wurden dann auch die entschlüsselten Funksprüche der Konzentrationslager freigegeben und der Öffentlichkeit zugänglich gemacht, was zu erheblichen Protesten der Holocaust-Industrie führte. Die Experten mussten sich dafür entschuldigen, dass der britische Geheimdienst keine Funksprüche über den Holocaust aufgefangen hatte. Sie wurden verpflichtet, zu vermuten, dass sich hinter harmlosen Sätzen teuflische Absichten verbargen, obwohl die Auswertung durch den britischen Geheimdienst nur dem gesunden Menschenverstand entsprach.

Im Herbst 2012 konnten vertrauliche Kriegsdokumente eingesehen werden, die an Premierminister Winston Churchill gegangen waren einschließlich der Entschlüsselungen unmittelbar aus Auschwitz. Von diesen Originaltexten aber wollen die Holocausthistoriker nichts wissen.

Die hohe Sterblichkeit in Auschwitz ab Juli/August 1942 hatte nichts mit geplanten Vernichtungen zu tun, sondern war verursacht durch die erste große Fleckfieber-Epidemie, die durch Läusekot übertragen wird und 20.000 Todesopfer forderte. Unter den Seuchentoten waren vermutlich auch viele Juden, da gerade zu der Zeit laut Gedenkbuch der Bundesregierung von 2006 (Bd. IV, S. XXXI ff.) viele Judentransporte aus Frankreich, Belgien und den Niederlanden nach Auschwitz kamen. Erst eine Aufnahmesperre brachte den Zustrom zum Erliegen (vollständige Lagersperre durch Standortbefehl Nr. 19/42 vom 23. Juli 1942). Durch die Bekämpfung der Läuse mit dem Ungeziefer-Vernichtungsmittel Zyklon B gingen die Totenzahlen dann stark zurück. Um das Fleckfieber zu bekämpfen, gab es neue Vorschriften , die als „Sonderbehandlung" bezeichnet wurden und verschiedene Maßnahmen zur Entlausung betrafen.

Die überwiegende Mehrzahl der Funksprüche aus den Lagern enthält Aufstellungen über die Insassen, über Zu- und Abgänge, über Arbeitseinsätze sowie Tätigkeitsberichte aus den verschiedenen Lagern. Die Juden in Auschwitz werden in einem achtungsvollen Ton erwähnt als geschickte Industriearbeiter und andernorts dringend benötigte Uhrmacher (Stimme, S. 7). Wer vernichtet seine besten Arbeiter, während er sie dringend braucht? Man kann nicht die Leute ermorden und sie gleichzeitig für sich arbeiten lassen.

Eine Bestätigung dafür, dass es in Auschwitz keine Massenvernichtungen gegeben haben kann, findet man auch in den im Auftrag des Instituts für Zeitgeschichte herausgegebenen „Standort- und Kommandanturbefehlen des Konzentrationslagers Auschwitz 1940-1945", deren Dokumente hauptsächlich aus einem Sonderarchiv in Moskau stammen, aber auch aus dem Bundesarchiv, dem Institut für Zeitgeschichte und dem Archiv des staatlichen polnischen Museums Auschwitz-Birkenau. Unter den zahlreichen Befehlen findet sich nicht ein einziger, der Vernichtungen anordnet oder aus dem man auf Vernichtungen schließen könnte. Im Gegenteil, es wird in den Befehlen immer wieder betont, dass die Häftlinge in jeder Weise gut zu behandeln sind, um ihre Gesundheit und ihre Arbeitskraft zu erhalten und möglichst zu verbessern.

### 4. Ergebnis
Da in beiden Originalquellen, den in Bletchley Park entschlüsselten Funksprüchen und den schriftlich vorliegenden Befehlen aus den Archiven in Moskau und anderswo, keinerlei Hinweise auf Massenmord enthalten sind, muss man sich die Frage stelle, ob es im Konzentrationslager Auschwitz Massenmorde gegeben hat.

**Quellen- und Literaturverzeichnis:**

| | |
|---|---|
| Gedenkbuch | Opfer der Verfolgung der Juden unter der nationalsozialistischen Gewaltherrschaft in Deutschland 1933-1945, Bearbeitet und herausgegeben vom Bundesarchiv, Koblenz 2006 |
| Hinsley, F. H.. | „British Intelligence in the Second World War – Its influence in Strategy and Operations ,„Vol. II, London 1991, first published 1981, amtliche Publikation von Her Majesty's Stationary Office |
| Singh, Simon | Geheime Botschaften, Die Kunst der Verschlüsselung von der Antike bis in die Zeiten des Internet, Deutscher Taschenbuch Verlag, München 2006 |
| Standort- | und Kommandanturbefehle des Konzentrationslagers Auschwitz 1940-1945, herausgegeben im Auftrag des Instituts für Zeitgeschichte, Verlag K.G. Saur, München 2000 |

Stimme des Reichs Nr. 3/2013, Verden/Aller

# 10. Die Briefe Papst Pius' XII an die deutschen Bischöfe 1939 – 1944

(124 Briefe, veröffentlicht von der Kommission für Zeitgeschichte bei der Katholischen Akademie in Bayern, Mathias-Grünewald-Verlag, Mainz)

## 1. Allgemeines
Während des 2. Weltkriegs gab es einen regen Briefverkehr zwischen dem Papst und den Bischöfen in Deutschland, in dem Papst und Bischöfe ihre Meinung austauschten. Der mit weitem Abstand größte Teil der Briefinhalte bezieht sich auf innere Angelegenheiten der katholischen Kirchenorganisation. Aber, bedingt durch die politischen Änderungen in Deutschland und dann während des gegen Deutschland geführten Krieges von 1939 bis 1945 äußern sich Papst und Bischöfe auch zu außerkirchlichen Vorgängen, z.b. zu den Juden, den Konzentrationslagern und der unmenschlichen Kriegführung gegen die Zivilbevölkerung.

## 2. Juden
Für die katholischen Nichtarier wie auch für die Glaubensjuden hat der Heilige Stuhl caritativ getan, was nur in seinen Kräften stand, in seinen wirtschaftlichen und moralischen. Von jüdischen Zentralen ist dem Heiligen Stuhl wärmste Anerkennung für sein Rettungswerk ausgesprochen worden (S. 241f., 30. April 1943). Anlässlich der Judendeportation hat es den Papst getröstet, zu hören, dass die Katholiken, gerade auch die Berliner Katholiken, den sogenannten Nichtariern viel Liebe entgegengebracht haben (S. 239). Unter den Deportierten waren auch viele Katholiken (nichtarische Christen, Fn 1). Ansonsten äußert sich der Papst zum Thema Juden bzw. nichtarische Christen nicht.

## 3. Konzentrationslager
Leidvolle Sorgen bereiten dem Papst immer wieder die Priester, die um des Glaubens willen in der Verbannung oder im Konzentrationslager leben (S. 227, Brief v. 24 Februar 1943). Die Seelsorge in den Konzentrationslagern ist eine sehr ernste Angelegenheit. Wir werden von neuem Schritte für sie tun, leider mit wenig Hoffnung auf Erfolg (S. 71, Brief v. 22. April 1940). So teilt der Papst am 19. März 1941 dem Bischof Preysing mit (S. 133), dass ihm im Falle des Weihbischofs von München, Neuhäusler, eine günstigere (recht günstige) Meldung vorliegt. Neuhäusler war zuerst nach Sachsenhausen und dann nach Dachau gebracht worden, wo er den Krieg überlebte. Am 2. Februar 1942 nimmt der Papst Bezug auf das Konzentrationslager Dachau (S. 161). Als Fußnote wird angegeben, dass laut Pies und Neuhäusler die Zahl der dort inhaftierten Priester während des Krieges ungefähr 2.600 betrug.
Dazu muss man wissen, dass es in Dachau einen riesigen Gewürzkräutergarten gab, der Deutschland großteils mit Gewürzen versorgte. In diesem Garten haben ständig 1.000 Priester gearbeitet. Dachau war ein Lager für leichte Arbeiten.
Über die Lage und das Schicksal der in die Konzentrationslager verbrachten Priester ...........sind Wir verhältnismäßig gut unterrichtet, lässt der Papst den Bischof Preysing in Berlin am 30. April 1943 wissen (S. 241), nachdem dieser ihm eine Liste der in den Lagern verstorbenen Priester übersandt hatte.

Im gesamten Schriftverkehr schimmert trotz guter Unterrichtung nicht im Entferntesten durch, dass es in den Lagern planmäßige Menschenvernichtungen gegeben hat wie z.B. die behaupteten Massenvergasungen in Auschwitz. Den zahllosen Priestern in den Lagern hätte so etwas nicht entgehen können, und sie hätten solche Vorgänge mit Sicherheit ihren Bischöfen gemeldet und diese dem Papst berichtet. Die Tatsache, dass es anscheinend nicht eine einzige solche Meldung gibt, ist, neben vielen anderen Beweisen, ein weiterer Beweis dafür, dass es solche Menschenvernichtungs-Aktionen nicht gegeben hat.

## 4. Der Krieg

In einem Brief vom 31. Januar 1942 (S. 215) hebt der Papst hervor, dass er sein Verhalten zu den Kriegsfragen mit dem Ausdruck „Unparteilichkeit" bezeichnet; nicht mit dem Wort „Neutralität". Neutralität könne im Sinne einer passiven Gleichgültigkeit verstanden werden, die dem Oberhaupt der Kirche einem solchen Geschehen gegenüber nicht anstünde. Unparteilichkeit besagt für Uns Beurteilung der Dinge nach Wahrheit und Gerechtigkeit.
Am 6. August 1940 (S. 93 f.) stellt er fest: „Nachdem Wir in den Jahren unserer Tätigkeit in Deutschland gesehen und gefühlt haben, wie schwer das deutsche Volk unter den lastenden und demütigenden Folgen seiner Niederlage gelitten hat, und nachdem Wir Zeuge waren wie aus der Unausgeglichenheit des letzten Friedensvertrages mit verhängnisvoller Folgerichtigkeit die Gegensätze entstanden, deren Austragung mit den Mitteln der Gewalt die Welt erbeben macht, können Wir nur der heißen Hoffnung Ausdruck geben, dass ..... das Ohr der Sieger der Stimme jener Gerechtigkeit, Billigkeit, Weisheit und Mäßigung zugänglich bleibe, ohne die kein noch so feierlich verbriefter Friedensschluss den Bestand und die segensvollen Folgen haben könne, welche die tiefe Sehnsucht aller Völker erwartet."
Der Papst bedauert, dass es ihm nicht gelungen ist, Waffenstillstand für die Weihnachtsfeiertage zu erreichen (S. 45, Fn.2). Noch weniger Erfolg wiesen meine Bemühungen um eine Humanisierung und Einschränkung des Luftkrieges aus. Wir haben, ohne Uns von der geringen Aussicht auf Erfolg abhalten zu lassen, Uns immer für möglichste Schonung der Zivilbevölkerung eingesetzt (S. 237, 30. April 1943). Was Uns aber noch schwerer trifft, ist, dass es Uns nicht gelungen ist, Rom vor Kriegshandlungen zu bewahren. Man hat mehr Rücksicht auf Kairo als religiöses Zentrum des Islam als auf Rom genommen. Noch bitterer betrübt Uns, aufgrund des Angriffs auf die Vatikanstadt und der ihn bestimmenden Beweggründe, ........, feststellen zu müssen, dass es nicht nur kein christliches Verantwortungsbewußtsein mehr gibt, sondern nicht einmal mehr ein Minimum an humanem Verständnis ....(S. 271, 9.Februar 1944). Wir brauchen nicht zu sagen, wie sehr Wir seit Beginn des Krieges unter dieser unmenschlichen Kampfform leiden (S. 299, 16. August 1943).

In einem Brief vom 15. Oktober 1942 (S. 199) schreibt Pius XII: „Wir kennen die Gesamtlage und die Stimmung auf der anderen Seite genügend, um zu wissen ...wie dringend geboten – auch unter der vaterländischen Rücksicht – ein entsprechendes Handeln der Bischöfe ist. Wir unsererseits tun, was Wir vermögen, um dem deutschen Volk die Vergeltung für Dinge zu ersparen, für die es in seiner Gesamtheit nicht verantwortlich ist und welche die meisten von ihnen nicht einmal wissen. Wir können nicht sagen, mit welcher Sorge Uns in dieser Hinsicht die Zukunft erfüllt."

Am 6. Januar 1944 nimmt Pius XII Bezug auf seine letzte Weihnachtbotschaft und fordert einen Verständigungsfrieden, der einerseits die Schuldfrage und die Forderung nach Wiedergutmachung nicht zur Grundlage nimmt, andererseits alle Eroberungen zurückerstattet und keinem Volk den Verzicht auf substantielle Rechte oder Lebensnotwendigkeiten zumutet (S. 266). Am 2. März 1944 wird die Hoffnung ausgedrückt, dass, wenn die deutsche Seite Rom räumt, dann auch die andere Seite ihre Luftangriffe auf die Stadt einstellen wird (S. 290).
Der Berliner Nuntius Orsenigo berichtet am 13. April 1940: „Ich halte es für meine Pflicht, darauf hinzuweisen ..., dass ein Teil des Klerus für sich eine fast offen feindselige Haltung gegenüber dem im Kriegszustand befindlichen Deutschland eingenommen hat, die soweit geht, dass man eine völlige Niederlage wünscht. Diese Einstellung des Klerus, die leider nicht verborgen bleibt, weckt nicht nur das Missfallen der Regierung, sondern allmählich auch des ganzen Volkes, da das Volk fast in seiner Gesamtheit für seinen Führer begeistert ist; und deshalb fürchte ich, dass eines Tages eine schmerzliche Reaktion folgen wird, die den Klerus und sogar die Kirche vom Volk isoliert" (S. 355).

## 5. Ergebnis

Zieht man ein Resümee aus den Papstbriefen, so muss man feststellen, dass – was natürlich ist – den Oberhirten die Geschicke seiner Organisation am meisten beschäftigen. Über das Schicksal seiner Priester in den Konzentrationslagern scheint er nach eigenem Bekunden relativ gut informiert zu sein. Er erwähnt keine besonderen Meldungen von den inhaftierten Priestern bzw. den Bischöfen. Von den vielen in der Nachkriegspropaganda behaupteten unmenschlichen Behandlungen in den Lagern ist in der gesamten katholischen Kirche nichts gemeldet worden, so dass man erhebliche Zweifel an der Nachkriegspropaganda haben muss.

Juden bzw. nichtarische Christen werden fast nur nebenbei erwähnt anhand vieler Dankesbriefe zentraler jüdischer Organisationen für die von der Kirche geleistete Hilfe.

Neben kirchlichen Angelegenheiten nehmen Gedanken zum Krieg den größten Raum ein, seine Waffenstillstandsforderungen und seine Vorschläge für einen ausgeglichenen Frieden, der anders ausfallen müsse als der Nicht-Frieden des Jahres 1919 in Paris. Vor allem gelten seine Gedanken den Bevölkerungsschichten, die durch die Luftangriffe dem Tod geweiht sind oder in unsägliches Elend versetzt werden (S. 249). Diese unmenschliche Kriegsform, die vor nichts halt macht, verurteilt er besonders, und er beklagt die Erfolglosigkeit aller seiner Bemühungen.
Der Papst hätte wissen müssen, dass der französische Ministerpräsident Clemenceau 1919 gesagt hat, es gibt 20 Millionen Deutsche zu viel und der amerikanische Präsidentenberater Rosenman noch im Frühjahr 1945 erklärte, dass 20 Millionen Deutsche sterben müssen. Diese 20 Millionen auszurotten, war eines der alliierten Hauptkriegsziele und so wurden systematisch die am dichtesten besiedelten Wohngebiete bombardiert. Bezüglich der Menschenvernichtungen war der Papst zu Erfolglosigkeit verurteilt, weil die kriegführenden Westmächte es so wollten.

# 11. 400 Jahre Krieg gegen Europas Mitte

I. Das Deutsche Reich, nicht nur Europas Mitte

1. Einige Fakten
Das Heilige Römische Reich Deutscher Nation (Deutschland) sah sich als Nachfolger des untergegangenen Römischen Reichs. In Europa war es bis weit ins Mittelalter hinein der mit Abstand größte und stärkste Staat, denn er reichte (mit leichten Veränderungen) von der Küste der Nordsee (einschließlich der heutigen Niederlande, Belgiens sowie erheblicher Teile des heutigen Frankreich) bis zum Mittelmeer, umfasste den größten Teil Italiens, Teile des Balkan und ging im Osten weit über die Oder hinaus bis an die Ostsee. Er umfasste rund Dreiviertel von West- und Mitteleuropa und war politisch und militärisch der weitaus größte Machtfaktor in ganz Europa.

Wirtschaftlich wurde der norddeutsche bzw. nordeuropäische Raum durch die sich seit dem 11. Jahrhundert entwickelnde Hanse beherrscht, die enorme wirtschaftliche und militärische Macht erlangte. Im süddeutschen bzw. südeuropäischen Raum entwickelten sich große Handelshäuser wie z.B. die Fugger und Welser, die mit Hilfe ihres Geldes selbst die Kaiser beeinflussten. Jakob Fugger war der größte Bankier. Die Welser hatten nicht nur Verbindung zur Hanse. Sie beteiligten sich auch am Mittelmeer- und am Indienhandel, und sie gründeten 1528 die erste deutsche überseeische Kolonie in Venezuela.

Noch einige Daten aus der Geschichte:
Im Jahr 1492 entdeckte Kolumbus Amerika und 1497 – 1498 wurde der Seeweg nach Indien gefunden. 1517 schlug Martin Luther seine 95 Thesen an die Wittenberger Schlosskirche. 1521 begann die Eroberung Mexikos. 1620 landete als erstes englisches Auswandererschiff die „Mayflower" in den heutigen USA. In der Folgezeit setzte eine Periode stürmischer Eroberungen und Koloniebildungen in der Welt ein, an der Deutschland nicht (mehr) beteiligt war.

Was war geschehen? Luthers Thesenanschlag hatte zur Reformation geführt, d.h. zur Kirchenspaltung, die die katholische Kirchenorganisation nicht hinnehmen wollte, und es begann 1618 ein 30-jähriger deutscher Selbstzerstörungskrieg, Während andere kleine Länder große Eroberungen machten und dadurch groß und stark wurden, waren die Deutschen 30 Jahre lang damit beschäftigt, sich in fürchterlichen Gemetzeln gegenseitig auszurotten, wobei ausländische Mächte tüchtig mitwirkten. Der einst größte und mächtigste Staat Europas hatte durch 30 Jahre permanenten Krieg gegen sich selbst so etwas wie Selbstmord begangen und war ab 1648 nur noch als eine Art „lebender Leichnam" vorhanden. Der Kaiser verlor seine Macht. Im Landesinneren ging als Folge des Krieges jegliche Reform- und Freiheitsbewegung zugrunde. Die freien Reichsstädte als Motor von Kultur und demokratischer Entwicklung verschwanden fast ganz. Die Städte verloren ihre Selbstverwaltung, die Bauern ihre relativen Freiheiten, indem nach 1648 die Leibeigenschaft wieder eingeführt wurde. Despotische Fürsten übernahmen die Gewalt und unterdrückten jede Art von Entwicklung, die ihrer Macht hätte abträglich sein können. Deutschland, jetzt zerlegt in zahllose Klein- und Kleinstgebilde, versank in tiefer Dunkelheit und Ohnmacht.

2. Raubzüge
1648 diktierten ausländische Mächte den Deutschen die Friedensbedingungen, und sie traten gleichzeitig als Leichenfledderer auf. Schweden übernahm Vorpommern und die ehemaligen Hochstifte Bremen und Verden, so dass es die Mündungen von Oder, Elbe und Weser kontrollierte. Frankreich rückte bis an den Rhein vor und unternahm später ständig weitere Kriegszüge gegen deutsches Land. Vor allem aber sicherte sich Frankreich in deutschen Angelegenheiten ein Mitspracherecht und konnte von nun an ständig eine zerstörerische Politik in Deutschland betreiben. Es konnte vor allem die zu souveränen Staaten aufgestiegenen deutschen Fürsten

gegeneinander oder auch gegen den Kaiser ausspielen. Die im Bündnis mit den Franzosen stehenden Türken rückten vor, scheiterten 1683 aber erneut vor Wien.

3. Napoleon
Dann betrat der Italiener Napoleone Buonaparte als Kaiser der Franzosen die Bühne der Geschichte, der durch militärische Mittel im Bündnis mit deutschen Fürsten das Deutsche Reich besetzte und den deutschen Kaiser 1806 zur Niederlegung der Kaiserkrone zwang. Napoleone Buonaparte gründete auf den von ihm eroberten deutschen Gebieten willkürliche Königreiche, die er in die Obhut seiner Verwandten gab. Das militärische Genie Buonaparte erlitt dann seine größte Niederlage 1812 in Russland, aber nicht durch die Soldaten des Zaren oder den russischen Winter, sondern durch Läuse. Der Amerikaner Stephan Talty hat festgestellt, dass 400.000 Soldaten - zwei Drittel der 600.000-Mann Armee – durch das vom Läusekot übertragene Fleckfieber zugrunde gegangen sind. Die Völkerschlacht bei Leipzig erledigte 1813 den Rest. Napoleons Wiederkehr wurde bei Waterloo verhindert.

4. Die Enttäuschung der Menschen
In den Menschen, dem Volk, war schon längst der Wunsch nach der Wiederherstellung des Reiches erwacht. In einem Lied von 1815 heißt es: „Wir ... wollen predigen und sprechen vom heiligen deutschen Reich." Am dann erfolgten Wiener Friedenskongress 1814/15 nahmen auch Frankreich, England und Russland teil. Da sich vor allem die ausländischen Mächte gegen ein national geeinigtes Deutschland aussprachen, wurde festgeschrieben, dass Deutschland aus unabhängigen Staaten besteht, die von einem föderativen Bund zusammengehalten werden. Man mag sich die große Enttäuschung im Volk vorstellen, die schließlich zur Revolution von 1848 führte. Die Paulskirchenversammlung 1848 fasste einen m.e. verhängnisvollen Beschluss dahingehend, dass in das vereinigte Deutschland nur deutsche Länder aufgenommen werden sollten. Damit war die österreichische Donaumonarchie mit ihren vielen Völkern nicht zugelassen, es sei denn, der Kaiser in Wien hätte auf seine nichtdeutschen Untertanen verzichtet. Da dies kaum zu erwarten war, wurde der Kaiser aus dem nunmehr kleindeutschen Staat ausgeschlossen, d.h. man brauchte einen neuen Kaiser. Als der preußische König die ihm angetragene Kaiserkrone ablehnte, war damit die Sache erledigt. Einzelne Aufstände wurden durch Militär niedergeschlagen.

II. Der Neubeginn
1. Wiedervereinigung und Aufstieg
Erst 1871, fast 250 Jahre nach dem deutschen Selbstmord, erfolgte dann die deutsche Wiedervereinigung, allerdings ohne die dem Haus Habsburg unterstehenden deutschen Teilgebiete. Mit der Wahl des preußischen Königs zum neuen Kaiser gab es jetzt zwei deutsche Kaiser.
Das nunmehr vereinigte deutsche Wirtschaftsgebiet entwickelte sich rasant aufwärts. Vor allem konnte sich jetzt d a s frei entfalten, was der englische Buchautor Peter Watson als den deutschen Genius bezeichnet. Laut Watson haben die Deutschen die moderne Welt erfunden und den modernen Menschen erdacht. Es ist Deutschland, wo Biologie, Geologie und Geschichtswissenschaft begründet werden. Die philosophischen und naturwissenschaftlichen Grundlagen des modernen Weltbildes wurden in Deutschland gelegt. Deutschland hat mehr Nobelpreisträger hervorgebracht als Amerika und England zusammen. Es erstarkte laut Watson eine ungewöhnliche geistige Weltmacht zum Wohle aller übrigen Länder. Dass Deutschland das erste Land war, das ein gebildetes Bürgertum, „eine Mittelklasse" hervorbrachte, war sein Glanz. Dieses von Watson so gelobte Deutschland stieg auf nahezu allen Gebieten an die Weltspitze auf und erweckte damit den Neid aller. Neid, Gier und Angst wurden dann zur Wurzel des Übels.
Der amerikanische Reverend Fritsch drückt es 1947 wie folgt aus: „Sagt unserm Volk, dass die Deutschen niemals Krieg gegen uns führen wollten, sondern dass wir es waren, die zweimal zu

ihrer Vernichtung auszogen, weil unsere Staatsmänner fürchteten, deutscher Erfindergeist und Fleiß werde die Erde auf friedliche Weise erobern."

## 2. Europäische Mächte

Jahrhunderte waren es die europäischen Randmächte, die nach dem Selbstmord Deutschlands zu Großmächten aufgestiegen waren, nicht mehr gewohnt, Deutschland in ihre Pläne und Überlegungen mit einzubeziehen. Deutschland war quasi nicht vorhanden bzw. nur noch als ihr Spielball. Jetzt trat es wieder kraftvoll und gesund in die Welt. Es wollte im Konzert der Mächte mitspielen und einen kleinen Teil vom großen Kuchen, den die anderen längst unter sich aufgeteilt hatten, ab haben. Die aufblühende deutsche Wirtschaft und der deutsche Welthandel machten vor allem den englischen Kaufleuten schwer zu schaffen. Alle englischen Maßnahmen gegen den deutschen Handel brachten nicht viel, zumal die deutschen Waren aufgrund ihrer besseren Qualität sehr gefragt waren. - So blieb als letzter Ausweg nur ein Krieg.

## 3. Krieg als Alternative

Im Jahr 1888 erschien in England eine Landkarte Europas, wie man sich nach einem Weltkrieg den Kontinent vorstellte. Deutschland war darin total verstümmelt, die österreichische Donaumonarchie verschwunden. Höhepunkt war eine Veröffentlichung der US-Zeitschrift „Life" im Jahr 1915, in der es auch kein Deutschland mehr gab. Frankreich, das lange Zeit einen erheblichen Herrschaftseinfluss im zerrütteten Deutschland ausgeübt hatte und nun von alledem ausgeschlossen war, strebte ohnehin nach einem neuen Krieg, um weitere deutsche Gebiete zu annektieren und seinen Einfluss wieder geltend zu machen. So war Frankreich ein bereitwilliger Verbündeter.

## 4. Die Zionisten

Im Jahr 1896 veröffentlichte der Jude = Chasar Theodor Herzl sein Buch „Der Judenstaat", in dem er für die Juden (Chasaren) ein Stück der Erdoberfläche forderte, damit sie dort einen Staat für alle Juden errichten können. Diese Gruppe, die sich Zionisten nannte, forderte schließlich Palästina als das gewünschte Stück Erdoberfläche, „die Heimat unserer Väter", obwohl die Juden zu etwa 95% aus dem Turkvolk der Chasaren bestehen, das als einer von zwei Hauptstämmen der Hunnen einst aus Zentralasien kam. Sie sind das einzige Volk auf der Welt, das noch die jüdische Religion ausübt. Sie werden deshalb weltweit als Juden bezeichnet, obwohl sie keine (echten) Juden sind.

## 5. Die Entwicklung im 1. Weltkrieg

Zwei Jahre nach Kriegsbeginn, am 12. Dezember 1916, machte das Deutsche Reich den Alliierten ein Friedensangebot mit dem Vorschlag, zum Status quo zurückzukehren. Dieses Angebot wurde von den Feinden Deutschlands abgelehnt, da deren Ziel die Vernichtung Deutschlands war. Im Jahr darauf entstanden im französischen Heer umfangreiche Meutereien, verbunden mit Streiks und Protesten der Zivilbevölkerung. Frankreich stand vor seinem Zusammenbruch. In Russland brach im Oktober 1917 die bolschewistische Revolution aus, was zu einem Friedensvertrag mit Deutschland führte. Deutsche Truppen konnten nun von der Ostfront an die Westfront verlegt werden, und 1918 befand sich Frankreich schon wieder oder immer noch in der Krise. Am 6. November 1918 schickte das französische Oberkommando ein Telegramm nach Paris, in dem es hieß:
„Wir können nicht mehr weiterkämpfen, wir stehen vor einer Revolution wie im Jahre 1917, bringt uns den Waffenstillstand, bringt uns den Frieden! Die Engländer wollen auch nicht mehr kämpfen". Zwei Tage danach brach in Deutschland die Revolution aus und die Niederlage Deutschlands war damit besiegelt. Einige bezeichnen die Revolution als den Dolchstoß in den Rücken des Heeres.

## 6. Zionisten als Kriegshelfer

Auch England hatte sich durch den Krieg weitgehend erschöpft, und es hätte nach einem französischen Zusammenbruch alleine in einem Krieg gestanden, den es nicht hätte gewinnen können. In dieser Situation boten sich die Zionisten an, die USA, wo sie inzwischen wesentliche Führungspositionen innehatten, in den Krieg gegen Deutschland zu führen, wenn England ihnen Palästina als künftige Heimstatt nach dem Krieg versprach. Dies geschah mit der Balfour-Erklärung. Amerikanische Banken hatten an England und Frankreich riesige Kredite gegeben, deren Rückzahlung sie bei einer Niederlage der beiden Länder gefährdet sahen. So wurde US-Präsident Wilson von allen Seiten bedrängt, Deutschland den Krieg zu erklären.

7. „Demokraten"
Nahum Goldmann, später Präsident des Jüdischen Weltkongresses und der Zionistischen Weltorganisation schrieb 1915:
> *So besteht denn die erste Aufgabe unserer Zeit in der Zerstörung...Die Parole heißt: was war, muss weg. Die Kräfte, die diese negative Aufgabe unserer Zeit ausführen, sind auf wirtschaftlich-sozialen Gebiete der Kapitalismus, auf dem politisch-geistigen die Demokratie.*

In diesem Sinne handelte die sogenannte „Friedens"-Konferenz 1919 in Paris, von der Deutschland ausgeschlossen blieb.

Demokratie wird bezeichnet als Volksherrschaft, also Durchführung dessen, was das Volk will. Die in Paris versammelten „Demokraten" verstießen auf schlimmste Weise gegen alle Regeln von Demokratie und Selbsbestimmungsrecht. Spätestens seit 1919 weiß man, was heute Demokratie bedeutet, nämlich
> schlimmste Volksunterdrückung und Volksvergewaltigung
> schlimmste Kriege mit allerschlimmsten Kriegsverbrechen,

und das bis zum heutigen Tag. Die Pariser Verbrechen im Jahr 1919 – ich kann sie nicht anders bezeichnen als das, was sie wirklich waren, nämlich schlimmste Verbrechen an den Völkern Europas – erwiesen sich als die Weichenstellung zur Fahrt Europas in den Abgrund, als das Mittel zur endgültigen Selbstzerstörung des Kontinents. Das Reich in der Mitte Europas wurde rundherum gefleddert und durch irrsinnige Reparationszahlungen ins wirtschaftliche Chaos gestürzt, und mit ihm viele Völker Europas einschließlich England und Frankreich in Mitleidenschaft gezogen.

III. Hitlers Emporkommen
1. Die Finanzierung Hitlers
Aus dem allgemeinen Chaos schälte sich ein Mann heraus, der gegen das Übel der Pariser Volksunterdrückungen kämpfte: Adolf Hitler. Sein Charisma und größte wirtschaftliche Not führte dazu, dass viele verzweifelte Menschen in Deutschland Hitler wählten. Doch das allein war es nicht. Von Anfang an wurde Hitler aus dem Ausland finanziert. Mit dem „Schwarzen Freitag", dem 24. November 1929 an der New-Yorker Börse, begann die Weltwirtschaftskrise. Schon ein halbes Jahr vorher waren die amerikanische Federal Reserve Bank und andere Wallstreet-Banken übereingekommen, sich mit Hitler in Verbindung zu setzen, um herauszufinden, ob er einer amerikanischen finanziellen Unterstützung gegenüber aufgeschlossen wäre. Von den Banken sollen 32 Millionen Dollar gezahlt worden sein. Hinzu kamen riesige Spenden der Ölindustrie und großer deutscher Firmen, an denen Amerikaner während der Inflation zu Spottpreisen große Anteile aufgekauft hatten, und die nun neben deutschen auch amerikanische Direktoren hatten. In den Jahren um 1932 lag der Jahresetat der NSDAP bei 70 bis 90 Millionen Mark und höher, was Hitler veranlasste, sich gelegentlich ironisch als einen der größten deutschen Wirtschaftsführer zu bezeichnen.

2. Erneute Kriegsvorbereitungen

Hitler war knapp zwei Monate Reichskanzler, als am 24. März 1933 die erste jüdische Kriegserklärung an Deutschland erging, der bis 1939 noch weitere folgten. Warum hat man Hitler durch immense Geldzahlungen in den Sattel geholfen, um ihn, kaum dass er oben war, wieder zu stürzen? Die Antwort kann nur lauten, dass er seinen Geldgebern nicht gehorsam, ihren Wünschen nicht gefügig war, sondern eigenen Vorstellungen folgte.
In den USA und England wurden schon im Jahr 1932 Richtlinien für Luftangriffe festgelegt, ab 1934 ein Langstreckenbomber entwickelt und 1936 auf Serie gelegt, um ihn spätestens 1941 in großer Zahl zur Verfügung zu haben. Der nächste große Krieg wurde also von den Alliierten für die Zeit ab 1941 vorbereitet. Dank polnischer Hilfe ging es dann etwas schneller.

3. Die Politiker

Die in Paris 1919 erfundenen Vielvölkerstaaten Polen und Tschechoslowakei hatten in der 30er Jahren wiederholt Frankreich zu einem Zweifrontenkrieg gegen Deutschland aufgefordert. In Paris traute man sich aber nach den Erfahrungen von 1914-1918 keinen Krieg zu ohne England. Aus London aber wurde ständig abgewinkt. Bis September 1938, der vernünftigen Beilegung des 1919 künstlich geschaffenen Sudetenproblems im Münchener Abkommen wollte die City of London keinen Krieg. Als es dann aber Deutschland gelang, in den Monaten Oktober bis Dezember 1938 bedeutende Wirtschaftsverträge mit mehreren Ländern abzuschließen, die so gestaltet waren, dass die Geldmächte der City daran nicht mehr mit verdienen konnten, erwachte in der City neben Wut wiederum die Angst, von den Deutschen erneut überflügelt zu werden. Diese Art des deutschen Handels begann, die City an ihrem Lebensnerv zu bedrohen, und so wurde aus den gleichen Gründen wie schon vor 1914 der Beschluss zu einem neuen Krieg gefasst. Erst als im Frühjahr 1939 aus England das Signal kam, nunmehr kriegsbereit zu sein, war der nächste Krieg vorbestimmt.

Die Politiker des neu erstandenen Staates Polen träumten von einem großräumigen neuen Polen. Nachdem sie große Gebiete von der Ukraine und Weißrussland durch Krieg erobert hatten, wandten sie ihren Blick nach Westen. In Zeichnungen polnischer Landkarten ging Polen bis zur Oder und Elbe einschließlich der tschechischen und slowakischen Gebiete. In einer Zeichnung waren sogar Städte wie Kiel, Hamburg und Braunschweig (neben Prag und Brünn) Städte von Groß-Polen, dessen westliche Grenze fast bis zur Weser ging. Diese polnischen Politiker ließen sich wunderbar als „nützliche Idioten" mißbrauchen, indem man ihnen als Lohn oder Beute Ostdeutschland versprach, wenn sie sich dazu hergaben, den großen Krieg auszulösen. Dass dem so war, beweist eine Europa-Karte, die im März 1940 von der französischen Zeitschrift L'Illustration abgedruckt wurde. Darin ist Deutschland erheblich verkleinert und zerstückelt. Ostdeutschland ist bis zur Oder und Neiße als polnisches Staatsgebiet ausgewiesen.

4. Kriegstreiber

Französische Politiker haben in Europa jede vernünftige Entwicklung unterbunden und blockiert. Alles war gegen Deutschland gerichtet. Um so erstaunlicher ist es, dass es Hitler gelang, im Dezember 1938 mit der französischen Regierung ein Abkommen über gutnachbarliche Beziehungen abzuschließen, das u.a. für die Zukunft alljährliche Konsultationen vorsah. Seitens der französischen Politiker muss es sich aber um ein Betrugsmanöver gehandelt haben, um Hitler einzulullen, denn schon 3 – 4 Monate später verhandelten sie zusammen mit englischen Politikern in Moskau über einen gemeinsamen Krieg gegen Deutschland.
Lenin hat einmal gesagt, dass die Kommunisten durch den 1. Weltkrieg Russland erlangten. Mit dem 2. Weltkrieg werden wir Deutschland bekommen. Im Westen entscheidet sich das Schicksal der bolschewistischen Weltrevolution. Also musste man Europa erobern, und das hieß vor allem Deutschland, denn wer Deutschland hat, der hat Europa. Schon 1920 wollten sie über Polen nach Deutschland vorstoßen, scheiterten aber an der Weichsel. Lenin und Stalin sahen danach nur noch

einen Weg zur Verwirklichung ihrer Weltrevolution, nämlich einen großen Krieg der „kapitalistischen" Mächte untereinander, nach deren Erschöpfung die Sowjetunion leichtes Spiel mit ihnen allen haben würde. Bis dahin musste man Kräfte sammeln, und das hieß rüsten, rüsten und nochmals rüsten. Als man sich genügend gerüstet glaubte, versuchte man mit allen Mitteln die Entstehung des nächsten großen Krieges zu fördern. Im August und September 1939 schloss Stalin mit Hitler 2 Friedens- und Freundschaftsverträge, doch schon einen Monat später einen Kriegspakt gegen Deutschland mit Churchill. Also war das Ganze auch ein Betrugsmanöver. Dem lange vorbereiteten Militärschlag aus dem Osten kam Hitler nur knapp 3 Wochen zuvor, womit er das Ende des Bolschewismus und der Weltrevolution einleitete.

Treibende Kraft für den Krieg war im Hintergrund US-Präsident Roosevelt, ein weitgehend erfolgloser Politiker, zudem krank, der von seinen Hintermännern gesteuert wurde. Infolge fortschreitender Krankheit Roosevelts übernahmen diese Hintermänner, insbesondere die beiden Juden (Chasaren) Bernard Baruch und Felix Frankfurter laut Roosevelts Schwiegersohn Curtis B. Dall nach und nach Roosevelts Amt und sie wurden auf diese Weise die wirklichen Präsidenten der USA.

5. Resultat

Der von mehreren Seiten begonnene Krieg führte zur Zerstückelung und restlosen Ausplünderung Mitteleuropas, heute zynisch als „Befreiung" bezeichnet. Ein Kontinent, der seine eigene Mitte zerstört, wird dadurch so etwas wie eine Kirsche ohne Kern. Ganz Europa erlitt schwere Schäden und Westeuropa wurde seit 1945 mehr und mehr zu einem Satelliten der USA, verwaltet von us-hörigen Politikern. Diese Entwicklung setzt sich immer weiter nach Osten fort und ist an der Grenze Russlands angekommen. Die Völker, die Menschen, interessieren in einer globalisierten, kapitalistischen Welt nicht. Es zählt nur noch der Profit. Staaten, die sich gegen diese moderne Form der Demokratie, d.h. gegen Unterdrückung und Ausbeutung zur Wehr setzen, werden zu Schurkenstaaten erklärt und notfalls mit Krieg überzogen.

In den USA haben nach den Angaben des amerikanischen Buchautors James Petras in allen entscheidenden politischen Gremien Zionisten und Zionistenfreunde die absolute Mehrheit, so dass keinerlei Entscheidungen gefällt werden können gegen die Zionisten oder gegen das Verhalten Israels. Auch die USA sind damit letztlich ein Vasall.

IV. Ergebnis und Schlussgedanken

Winston Churchill hat die Zeit von 1914 bis 1945 als einen 30-jährigen Krieg bezeichnet. Keiner kann das besser wissen als er, denn er war schon entscheidend am Kriegsbeginn 1914 beteiligt, betätigte sich während der 30er Jahre ständig als Kriegshetzer und lehnte alle Friedensvorschläge Hitlers kategorisch ab. Churchill war einer der Väter des 2. Weltkriegs, der auch das englische Weltreich mit in den Untergang riss.

So wie einst das Heilige Römische Reich Deutscher Nation vor rund 400 Jahren mit seinem Selbstmord in Mitteleuropa ein Machtvakuum schuf und dadurch zum Spielball fremder Mächte wurde, so hat sich auch Europa, das einmal die Welt beherrschte, durch 30 Jahre Krieg gegen sich selbst von seinem Thron heruntergestoßen. Seit 1945 war es der Spielball anderer und daran hat sich bis heute nichts Wesentliches geändert.

Teil des Zerstörungswerks ist laut Nahum Goldmann die Demokratie, die entsetzliche Früchte zeigte als 1919 viele Völker gegen ihren erklärten Willen zwangsweise in fremde Staaten eingegliedert wurden, die man teilweise zu diesem Zweck sogar neu erfand. Als Hitler die Wiedervereinigung mit den Österreichdeutschen und den Sudetendeutschen zustande brachte, was fast zu 100% dem Volkswillen entsprach, handelte er als der wirkliche Demokrat im Gegensatz zu den volksunterdrückenden Pseudo-Demokraten des Jahres 1919.

Als im Jahr 2014 in der Schweiz eine demokratische Volksabstimmung vorgenommen wurde, waren diese Pseudo-Demokraten aufs heftigste empört darüber, wie man denn in einer Demokratie das Volk abstimmen lassen könne. Nahezu gleichzeitig wurde auf der Krim eine Volksbefragung durchgeführt, deren eindeutiges demokratisches Ergebnis von angeblichen Demokraten als Rechtsbruch bezeichnet wurde. Wirkliche Demokratie ist in den Augen der „westlichen Wertegemeinschaft" also keine Demokratie. Wir können nur hoffen, dass sich das bald ändert.

Quellen- und Literaturverzeichnis

| | |
|---|---|
| Argile, René de | Wer verhinderte ein zweites München?, Französische Historiker zur Kriegsschuldfrage, Grabert, Tübingen 2011 |
| Cronberg, Arnold | Weltpolitik vom Sinai im 20. Jahrhundert, Hohe Warte, Pähl 1991 |
| Czesany, Maximilian | Europa im Bombenkrieg 1939 – 1945, Stocker, Graz/Stuttgart 1998 |
| Dall, Curtis B. | Amerikas Kriegspolitik, Roosevelt und seine Hintermänner, Grabert, Tübingen 1972 |
| Goldmann, Nahum | Der Geist des Militarismus, Deutsche Verlags-Anstalt, Berlin 1915 |
| Herzl, Theodor | Der Judenstaat, Manesse Verlag, Zürich 2006, 1. Auflage Leipzig und Wien 1896 |
| Höfs, Arnold | Die Finanzierung der NSDAP, unveröffentlicht |
| Petras, James | Herr oder Knecht? Über das beispiellose Verhältnis zwischen Israel und den USA, Zambonverlag, Frankfurt/Main 2007 |
| Sand, Shlomo | Die Erfindung des jüdischen Volkes, Israels Gründungsmythos auf dem Prüfstand, Propyläen, Berlin 2010 |
| Scheil, Stefan | Polen 1939, Verlag Antaios, Schnellroda 2013 |
| Scheuch, Manfred | Historischer Atlas Deutschland, Bechtermünz Verlag, o.J. |
| Seeger, Karl (Hrsg) | Generation ohne Beispiel, Verlag für Zeitgeschichte, Butzbach 1991 |
| Sutton, Antony C. | Wallstreet und der Aufstieg Hitlers, Perseus Verlag, Basel 2011 |
| Talty, Stephan | The Illustrious Dead, Crown Publishers New York, in: DER SPIEGEL Nr. 31/2009, S. 119 |
| Watson, Peter | Der deutsche Genius, C. Bertelsmann |

■ KULTUR

# Besser als sein Ruf

## Was Deutschland zur intellektuellen Großmacht werden ließ

Nach Christopher Clarks Korrektur des gehässigen Preußen-Bilds, das in der angelsächsischen Welt weit verbreitet ist (*ZUERST!* 11/2010), ist schon wieder von einem Engländer zu berichten, der von den Deutschen und ihrer Geschichte mehr hält als die meisten Briten – und auch mehr als die heutigen Deutschen selbst. Der 1943 geborene britische Kunsthistoriker, Journalist (*The Times, Punch, Sunday Times*) und Buchautor Peter Watson empfindet das Image Deutschlands in der Welt als äußerst ungerecht. „Nur allzu oft und gern wurde und wird die deutsche Nation auf Nazizeit und Holocaust förmlich festgenagelt" – von Briten und Amerikanern, aber auch von der eigenen Bevölkerung. Es gebe sogar „eine steigende Fokussierung auf die Sünden im Dritten Reich", sagt der englische Autor. Die bei Briten und Amerikanern verbreitete These, daß die deutsche Geschichte zwangsläufig auf Hitler hinauslaufen mußte, lasse sich aber nicht halten. „Das ist Denkfaulheit", sagt Watson, „und auch die Lust der Deutschen, sich selbst zu quälen. Wir sollten darüber hinaus sein".

Watson will der angelsächsischen Welt zeigen, was deutsche Geistesgröße ist, und er will auch die Deutschen von heute in den Spiegel ihrer geschichtlichen Leistung blicken lassen. „Die Deutschen haben die moderne Welt erfunden und den modernen Menschen erdacht", zu dieser These kommt er in seinem Buch – und er füllt 1.000 Seiten mit Belegen!" Der erstaunlichste Satz seines Buches heißt: „Wir sprechen englisch, aber wir denken deutsch". Auch die Amerikaner denken deutsch. Die Vereinigten Staaten haben mit Deutschland sogar wesentlich mehr geistige Gemeinsamkeiten als mit England. Der große Ernst der Amerikaner, ihre Aufmerksamkeit für jedes Detail, ihr Arbeitsethos: So vieles davon ist sehr deutsch."

In weiten Teilen folgt Watson den Spuren des deutschen Genius. Schwerpunkt ist die Zeit des beginnenden 18. bis tief in das 20. Jahrhundert hinein. Eine Zeit, in der Deutschland mehr Nobelpreisträger hervorgebracht hat als Amerika und England zusammen, eine Zeit, so Watson, in der etwa auch die Frage Thomas Manns durchaus weitreichende Bedeutung hatte: „Kann man Musiker sein, ohne deutsch zu sein"?

Erst nach dem Tod Johann Sebastian Bachs 1750 am Ausgang des Barockzeitalters, setzt jene Entwicklung ein, die Watson als „deutsche Renaissance" bezeichnet. Es ist die geistig-kulturelle Wiedergeburt eines Landes aus den immer noch nachwirkenden Brandstätten des Dreißigjährigen Krieges im Geist von Literatur, Kunst und Philosophie,

Johann Sebastian Bach (Porträt von Elias Gottlob Haussmann): Nach ihm beginnt laut Watson die „deutsche Renaissance".

im Sternzeichen von Winckelmann, Lessing, Goethe, Schiller, der Gebrüder Schlegel und vielen anderen. Hier gelingen dem Autor atemberaubende, fesselnde Kapitel von lebendig-bunter Anschaulichkeit.

Er schildert, wie das vordemokratische, politisch zerklüftete und zurückgebliebene Deutschland sich in seinen Kleinstadt-Universitäten zu einer avantgardistischen Gelehrtenrepublik veränderte. „Sie wurde im späten 19. Jahrhundert zum Schauplatz revolutionärer Erkenntnisschübe in den Naturwissenschaften und in der Mathematik, wo die zahlentheoretischen Fundamente der heutigen digitalen Welt entstanden."

Mit der Zäsur in der Mitte des 18. Jahrhunderts, in der Watson den Ausgangspunkt für die rasante Entwicklung Deutschlands zur intellektuellen Großmacht erblickt, da beginnt ihm das Zeitalter der Moderne. „Es beginnt mit dem Zweifel an der Religion, mit einer generellen Skepsis, in eine Zeit, die auch in England und Frankreich große Philosophen hervorbringt. Aber es ist Deutschland, wo gleichzeitig das Zeitalter der Biologie und der Geologie beginnt, es ist Deutschland, wo die Geschichtswissenschaft begründet wird – und wo man anfängt, alles, auch die Natur wie die Kultur, als historisch zu begreifen und damit als veränderbar. In Deutschland wurden damals die philosophischen und naturwissenschaftlichen Grundlagen fürs moderne Weltbild gelegt."

Große Bedeutung mißt Watson dem deutschen Pietismus zu, als eine der Ursachen für den Wandel. „Der Pietismus lieferte nicht nur den religiösen Ansporn, hart zu arbeiten und gründlich zu sein: Er war in Deutschland an der Macht. Im Staatspietismus des Königreichs Preußen zählten Fleiß und Arbeit mehr als alles andere. Und diese Entwicklung wurde verstärkt durch den Umstand, daß es in Deutschland, wegen der politischen Zersplitterung, bald fünfzig Universitäten gab. In England gab es zwei. Manche der deutschen Universitäten waren klein, aber der pietistische Geist sorgte dafür, daß auch die Söhne armer Familien eine Chance bekamen, wenn sie klug und fleißig waren. Es ging darum, was im diesseitigen Leben zu tun war, statt nur auf ein ewiges Leben im Jenseits zu hoffen." „Auch daß Deutschland das erste Land war, das ein gebildetes Bürgertum, eine Mittelklasse", hervorbrachte, „das war sein Glanz!"

Oftmals zeigt sich der britische Autor von typisch preußisch-pietistischen Ideen von Bildung und Vervollkommnung fasziniert, von diesem quasi nachreligiösen Weltbild, innerhalb dessen „die entstehende Nation sich unabläßig strebend bemühte, sich bereits auf Erden zu erlösen". Es erstarkte eine ungewöhnliche geistige Weltmacht. „Zum Wohle", so schreibt Watson weiter, „aller übrigen Länder".

Mit so viel Respekt und Verständnis für die deutsche Seele hat sich schon lange kein Autor mehr geäußert.

GÜNTER D. FRANKE

* Peter Watson: „Der deutsche Genius. Eine Geistes- und Kulturgeschichte von Bach bis Benedikt XVI.". C. Bertelsmann, 1.024 Seiten, 49,99 Euro

## Deutsche intelligenteste Europäer
### Aufsehen erregende Studie an britischer Uni Ulster

# Ernährung und Klima entscheidend
## Für die Entwicklung von Intelligenz

**AFP LONDON/BERLIN. Die Deutschen sind laut einer britischen Studie das intelligenteste Volk in Europa.**

Mit einem durchschnittlichen Intelligenzquotienten von 107 liegen die Deutschen an der Spitze der Liste. Die Niederländer kommen mit um Winzigkeiten schlechteren Ergebnissen ebenfalls auf den Durchschnitts-IQ 107. Knapp dahinter folgen Polen (106), Schweden (104), Italiener (102), Österreicher und Schweizer (jeweils 101). Dann erst folgen die Briten (100). Erst auf Platz 19 folgen die Franzosen (94). Davor liegen unter anderem noch Spanien (98) und Russland (96). Hinter sich ließen die Franzosen unter anderem Türken (90) und Serben (89).

Der Verfasser der Studie, Richard Lynn, sieht Klima und Ernährung als wichtigste Faktoren für die Unterschiede in der Gehirnentwicklung. Die Menschen in Mittel- und Nordeuropa hätten größere Gehirne entwickelt, um zu überleben. „Die Menschen in den nördlichen Gegenden mussten in kalten Wintern überleben, als es keine Pflanzen gab, und mussten große Tiere jagen", zitiert die „Times" den Forscher.

### Methodische Mängel?

Dies sei entscheidend, weil die Ernährung wichtigster Faktor der Hirnentwicklung sei. „Die Menschen in südlichen Regionen hatten weniger Eiweiße, Mineralien und Vitamine, die aus dem Fleisch kommen und entscheidend für das Hirnwachstum sind." Lynn belegt seine These auch mit der europaweiten Messung der Gehirngröße. So seien die Gehirne in Nord- und Mitteleuropa im Schnitt 1320 Kubikzentimeter, in Südeuropa nur 1312 Kubikzentimeter groß. Lynn hatte bereits im vergangenen Jahr für Aufsehen gesorgt, weil er Männern in einer Studie einen durchschnittlich fünf Punkte höheren IQ als Frauen attestierte.

Renommierte Intelligenzforscher schätzen Lynn als grundsätzlich seriösen Forscher ein. Sie weisen aber darauf hin, dass bei der vorliegenden Studie nicht immer der gleiche Test und die gleichen Rahmenbedingungen herrschten. So nahm Lynn seine Daten aus verschiedenen Veröffentlichungen. „Das ist deshalb nicht ein Intelligenz-PISA", sagte eine Forscherin vom Max-Planck-Institut für Bildungsforschung in Berlin.

Dienstag, 28. März 2006 / Mühlenstraße 24, 49324 Melle

---

**DIENSTAG, 28. MÄRZ 2006**

## Deutsche sind die schlausten Europäer
### NOZ 28.3.06

London (afp). Die Deutschen sind laut einer Untersuchung der britischen Universität Ulster das intelligenteste Volk in Europa. Mit einem durchschnittlichen Intelligenzquotienten von 107 liegen die Deutschen einen Atemzug vor den Niederländern und den Polen, berichtet „The Times". Es folgen die Schweden (104) und Italiener (102). Die Briten liegen mit dem Wert 100 deutlich vor den Franzosen (94). Die letzten Plätze nehmen Rumänen, Türken und Serben ein. Der Verfasser der Studie, Richard Lynn, sieht in dem Klima den Grund für den IQ-Vorsprung: Kühlere Temperaturen haben nach Ansicht des Professors die hiesigen Gehirne voluminöser werden lassen. Lynn hatte im vergangenen Jahr Schlagzeilen gemacht, weil er Männern in einer Studie einen durchschnittlich fünf Punkte höheren IQ als Frauen attestierte.

Junge Freiheit
Nr. 34-35/14 r, 25/8, 20/14

Bei den Briten steht Deutschland hoch im Kurs

# Liebesgrüße aus London

» Unbefangen in Schwarzrotgold sind wir den anderen Europäern weniger unheimlich.«

KOLUMNE VON MICHAEL PAULWITZ

Was ist los mit den Briten? Durch ihre Medien geht gerade eine Welle der Deutschlandbegeisterung. Wo sonst „Achtung!", „Panzer" und „Blitzkrieg" nicht weit waren, singen selbst Boulevardblätter auf einmal das Loblied der deutschen Tugenden. Wenn sogar beim Thema Fußball das Arsenal der Weltkriegsmetaphern im Spind bleibt, meinen es die Vettern von der Insel wohl wirklich ernst.

Der WM-Erfolg war dafür ein Auslöser. Das Bild von Fairneß, Können, Disziplin und Siegeswillen, das unsere Jungs in Brasilien abgeliefert haben, hat Eindruck gemacht. Aber beim Fußball bleibt die neue angelsächsische Germanophilie nicht stehen. Artikel um Artikel erzählt dem Publikum im Vereinigten Königreich, wie „cool" es ist, „German" zu sein, und was an den Deutschen so staunenswert sei: die Wirtschaftskraft, die weltweit gefragten Industrieprodukte, die erfolgreichsten Niedrigpreisläden Europas, die besten Autos – und, ja, auch die besten Soldaten der Welt, wie das Boulevardblatt Daily Mail den Weltkriegsfeldmarschall Sir Harold Alexander zitiert. Den Nationalsozialismus und seine Verbrechen nie zu vergessen sei das eine, aber deswegen könne man doch trotzdem die Leistungen deutscher Soldaten auf dem Schlachtfeld bewundern.

Sollten wir bei solch geballten Sympathiebekundungen uns nicht endlich einen Ruck geben und uns selbst, unserer Geschichte und Identität gegenüber so fair und wohlwollend eingestellt sein, wie es andere längst sind? Der Respekt, der aus den hier zitierten Äußerungen spricht, kommt nicht von ungefähr. Der in Cambridge lehrende Historiker Christopher Clark hat im vergangenen Jahr endgültig mit den verstaubten Alleinkriegsschuldmythen zum Ersten Weltkrieg aufgeräumt (JF 2/14). Ein anderer Engländer, der Kulturhistoriker Peter Watson, hat 2010 den Leistungen des „German Genius" seit 1750 auf tausend Seiten ein Denkmal gesetzt (JF 23/11). Schriftsteller Adam Fletcher engagiert sich begeistert für den Schutz der deutschen Sprache. Und Londons Bürgermeister Boris Johnson sah schon vor Jahresfrist in seiner Liebeserklärung an Berlin die Ängste und das Mißtrauen der Generation seiner Großväter, die noch gegen die Deutschen gekämpft hatten und die Wiedervereinigung am liebsten verhindert hätten, als endgültig widerlegt an.

Die „Neuerfindung der deutschen Nation" habe mit der Fußball-WM 2006 begonnen, meint der Daily Mirror. Hunderttausende seien nach Deutschland gekommen und hätten „ein großes Land in bester Stimmung" erlebt. Unbefangen in Schwarzrotgold sind wir mit den anderen Europäern eben weniger unheimlich als in grauer Schuldstolz-Asche. Kopf hoch also, mehr Selbstbewußtsein und das eigene Land und Volk ruhig auch mal positiv sehen. So geh'n die Deutschen ...

# Lob fürs beliebteste Land der Welt

NOZ 15/7. 2014 Seite 3

VON UDO ROBEL

**Berlin.** Ein ganz neues Deutschland-Gefühl macht sich breit in Großbritannien. Und irgendwie geht dieses neue Deutschland-Gefühl weit über den Fußball hinaus. Ein Kommentar der renommierten Zeitung „The Guardian" fasste es so zusammen: „Ich kann es nicht glauben, und ich hätte nie gedacht, dass es jemals passieren würde – aber ich entdecke an mir, dass ich Deutschland unterstütze. Stellt euch das mal vor!"

Früher war in der Fußballberichterstattung der britischen Presse in verkniffenem Ton von den deutschen „Panzern" die Rede. Heute, stellt der Guardian fest, jubeln Millionen Briten Müller, Hummels und Schweinsteiger regelrecht zu.

Bislang habe im Lob für Deutschland und die Deutschen immer auch etwas Kaltes gelegen – etwa wenn das deutsche Vorgehen als „effizient", als „klinisch"

oder auch als „schonungslos" bezeichnet wurde. Inzwischen drehe sich das Gefühl: in Richtung einer Unterstützung, die von Herzen kommt.

Dahinter steht laut „Guardian" auch eine mittlerweile über viele Jahrzehnte gewachsene neue Akzeptanz von Land und Leuten. Aus Deutschland, das unter den Nazis „groteske Grausamkeiten" begangen haben, sei eine liberale, stabile und auf Integration bedachte Demokratie geworden. Zu diesem „politischen Wunder" gesellten sich mittlerweile zwei Wirtschaftswunder: eins in den fünfziger Jahren und eins nach der Wiedervereinigung mit der früheren DDR. Heute erweise sich Deutschland als ein Land mit befindungsreichtum, mit hoher Produktivität und zugleich mit einer nicht zuletzt aus britischer Sicht bewundernswerten Politik des sozialen Ausgleichs. Auch die Tarifparteien seien eher auf ein intelligentes Zusammenspiel ausgerichtet als auf Konflikte.

Schon vor WM-Ende hatte die britische BBC eine weltweite Umfrage veröffentlicht, wonach Deutschland das beliebteste Land ist. An zweiter Stelle liegen Kanada und Großbritannien. „Schätzen Sie den Einfluss des folgenden Landes in der Welt überwiegend positiv oder negativ ein?"

Diese Frage stellt das Meinungsforschungsinstitut GlobeScan im Auftrag der BBC seit zehn Jahren rund 24 000 Teilnehmern in 24 Ländern. In diesem Jahr schätzten 60 Prozent der Teilnehmer aus aller Welt den Einfluss Deutschlands als „überwiegend positiv" ein; nur 18 Prozent bescheinigen unserem Land einen überwiegend negativen Einfluss. Der stärkste Zuspruch kommt aus Großbritannien, Frankreich, Nordamerika, Australien und Südkorea. Damit führt Deutschland wie auch 2013 die Rangliste an, gefolgt von Kanada (57 Prozent) und Großbritannien (56).

Außenminister Frank-Walter Steinmeier (SPD) zeigte sich mit Blick auf die BBC-Umfrage erfreut. Deutschland, so erklärte er, strahle als Bild einer weltoffenen, global vernetzten und wirtschaftlich starken Gesellschaft aus, die sich um Solidarität mit den Schwächsten bemüht.

# schulddiskussion 1914
## Zu den Ursachen des Ersten Weltkrieges

künftige gemeinsame Vorgehen der Entente, in dessen Variationsbreite auch noch paßte, was die Westalliierten später im Diktat von Versailles unter den Bedingungen des Ausfalles des Zarenreiches und der Machtergreifung des Bolschewismus in Rußland gegen Deutschland verhängten. Bis weit in den Ersten Weltkrieg hinein freilich standen die völlige Beseitigung des deutschen Nationalstaates und territoriale Teilungspläne ganz im Vordergrund der feindlichen Absichten und Überlegungen. Denn sie entsprach am ehesten dem historisch rückwärtsgerichteten Wunschbild, das der Flickenteppich des untergegangenen Deutschen Bundes nicht nur bei den politischen Führungen, sondern auch in den Öffentlichkeiten der Nachbarstaaten prägend hinterlassen hatte.

Hier seien nur wenige von vielen Beispielen veröffentlichter Zerstückelungspläne genannt: Die englische Zeitung *Truth* zerstückelte Deutschland in einer 1890 publizierten Karte in Teilrepubliken, deren Grenzverlauf bereits deutlich an die Besatzungszonen nach dem Zweiten Weltkrieg erinnert.¹ Eine französische Deutschlandkarte mit dem Titel »Le partage de l'Allemagne« aus dem Jahre 1913 verteilte das Reich unter Frankreich, Belgien, den Niederlanden, England, Dänemark, Rußland und Österreich und ließ nur einen »Thüringen« genannten deutschen Rest bestehen.² Ein Teilungsvorschlag des Franzosen Louis Dimier aus dem Jahre 1915³ mit dem Titel »Les tronçons du serpent. Idée d'une dislocation de l'Empire Allemand« zerlegte das Reich in eine Vielzahl von Partikularstaaten. Eine ähnliche, von der bekannten Bibliothek Pigeon herausgegebene Karte⁶ über »Das Europa der Zukunft«, »Aufteilung

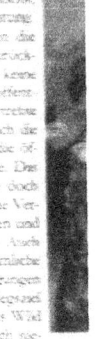

des Deutschen und des Österreichisch-ungarischen Reiches – Verkleinerung des Königreiches Preußen«, fand 1915/16 in Frankreich massenhafte Verbreitung.

Auf politisch-diplomatischer Ebene waren die Ententemächte hinsichtlich solcher Absichten zurückhaltender als die Publizistik ihrer Länder. Es gab keine umfassenden, detaillierten, regierungsamtlich veröffentlichten Verlautbarungen über die von ihnen angestrebte künftige Zersplitterung Deutschlands. Namentlich die britische Staatsführung verhinderte mit Erfolg die öffentliche Erörterung ihrer wirklichen Kriegsziele. Das war auch keineswegs verwunderlich, beinhaltete doch jede Aufteilung zugleich eine vorweggenommene Verteilung von Territorien, hegemonialen Positionen und Einflußzonen unter den Siegermächten. Ansichten der Sache nach naturgemäß konfliktträchtige förmliche Verhandlungen und konkrete vertragliche Festlegungen hierüber wären dem großen gemeinsamen Kriegsziel nachteilig gewesen, waren unzeitig, solange das Wild nicht erlegt, das Deutsche Reich nicht militärisch niedergeworfen war.

Allerdings gab es auf diplomatischer Ebene durchaus manchen Vorschlag innerhalb der Entente, der keinen Zweifel an der grundsätzlich beabsichtigten Zerstückelung aufkommen ließ. Ein solcher, entworfen unter dem 14. September 1914 von dem russischen Außenminister Sasonow, beschwor eingangs die übergeordnete gemeinsame Endabsicht: »Das Hauptziel der drei Alliierten muß die Vernichtung der deutschen Macht... sein.« Im Folgenden hieß es dann unter anderem: »... Rußland annektiert... Schlesien... 4. Frankreich erhält Elsaß-Lothringen zurück, hierzu kommen Teile der preußischen Rheinlande und der Pfalz nach seinem Ermessen. 5. Belgien wird... eine bedeutende Vergrößerung seines Gebietes erhalten. 6. Schleswig-Holstein wird Dänemark zurückerstattet. 7. Das Königreich Hannover wird wieder hergestellt.«

Am 30. September 1914 berichtete der russische Botschafter in Paris, Iswolski, telegraphisch an Sasonow über ein Gespräch mit dem französischen Außenminister Delcassé, dessen Äußerungen er unter anderem wie folgt wiedergab:⁸ »Für sich suche Frankreich in Europa keine Gebietserwerbungen, natürlich mit Ausnahme der Rückgabe Elsaß-Lothringens... Sodann sei das Hauptziel Frankreichs – und darin seien alle drei verbündeten Mächte völlig solidarisch, die Vernichtung des Deutschen Reiches und die mögliche Schwächung der militärischen und politischen Macht Preußens... Von den Einzelheiten der künftigen Organisation Deutschlands zu sprechen, sei noch verfrüht. England werde wahrscheinlich die Wiederherstellung eines selbständigen Hannover verlangen,... Schleswig und Holstein müßten an Dänemark fallen...«

In einer Note vom 14. Februar 1917 an den französischen Botschafter in St. Petersburg, Paléologue, führte der russische Außenminister Pokrowsky unter anderem aus:⁹ »1. Elsaß-Lothringen wird an Frankreich zurückgegeben. 2. Die Grenzen (dieses Gebietes

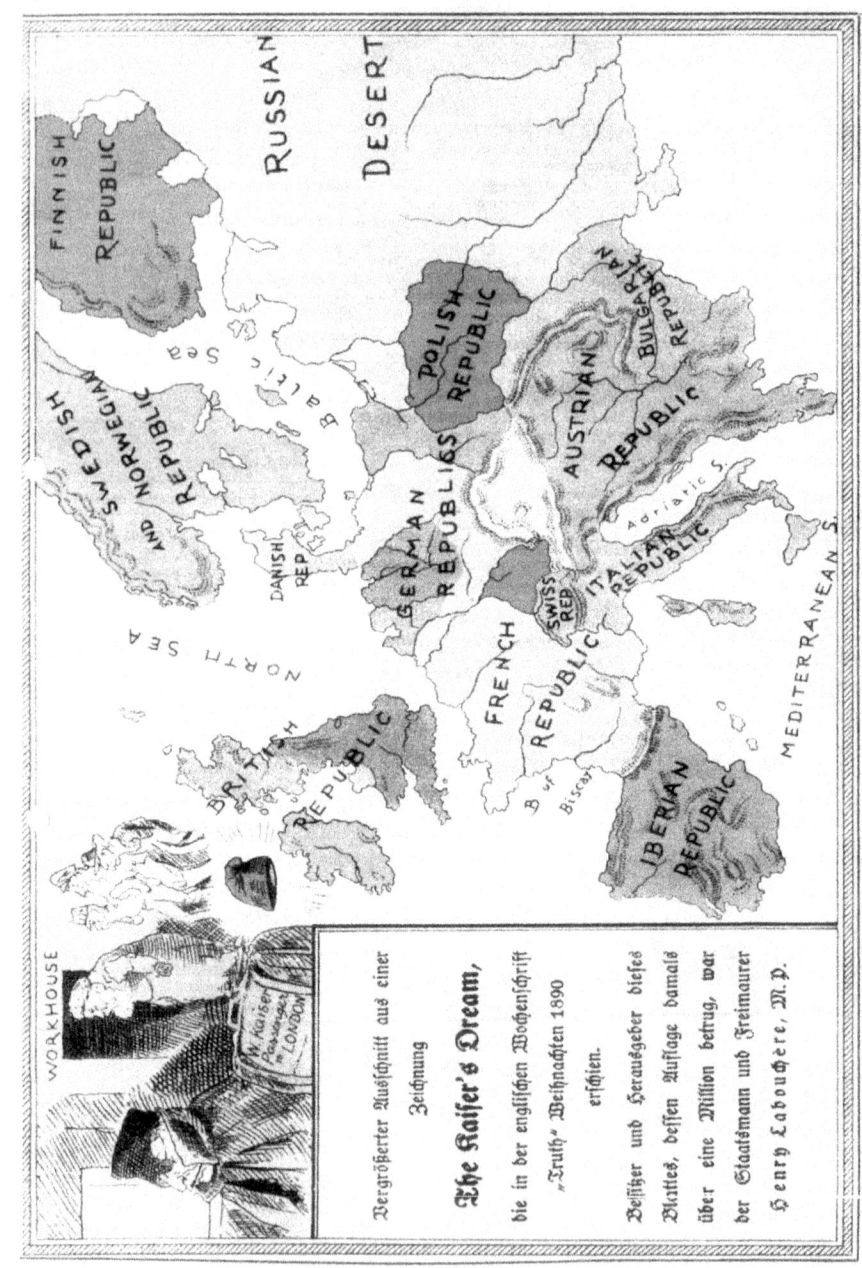

( Wo ist es? )

Landkarte: Die mögliche Aufteilung Deutschlands und Zuordnung seiner Gebiete.

- MAP SHOWING POSSIBLE DISSECTION OF GERMANY AND APPORTIONMENT OF ITS TERRITORY-

Ungarischer Großwesir bei 1. Zionistenkongreß 1897
Besprechung anläßlich der Einladung zum 1. Zionistenkongreß
nach Basel durch den U.O.B.B. fiel.

„Wir müssen den Geist des Aufruhrs unter den Arbeitern aufrechterhalten. Sie sind es in erster Linie, die wir auf die Barrikaden schicken. Wir müssen darüber wachen, daß ihre Forderungen niemals erfüllt werden, denn wir brauchen ihre Unzufriedenheit, um die christliche Gesellschaft zu zerschlagen und den Eintritt der Anarchie zu beschleunigen. Dieser Augenblick muß kommen, und die Christen müssen dazu gebracht werden, von sich aus die Juden anzufallen, die Macht zu übernehmen." 320)

Die „Große Landesloge der Freimaurer von Deutschland" konnte deshalb auch den Anarchisten, Revolutionär und Grand Orientbruder .·. U. Lenin als den „konsequentesten Vertreter der politischen Ideale der internationalen Freimaurerei in Rußland" bezeichnen. 208)
„In Rußland muß, damit das russische Volk sich entwickeln kann, der russische Staat verschwinden, denn in Rußland müssen sozialistische Experimente vollführt werden, die niemals in westlichen Ländern vollführt werden können."

So lautete gemäß Karl Heise die „Maxime der englischen Logen" 209), also der tatsächlichen Geburtshelfer des Bolschewismus im Reiche des Zaren.

Eine Geheimkarte „... Westens" von etwa 1888 (Heise 1919).

Von Rußland seien unabkürzigbare, aber unter seiner schiedenen umstehendes Gebieten.

Inschriften in obiger Karte: „Den Deutschen verbleibendes Gebiet (Rhein, Donau)." — „Aus der Auflösung des russischen Staates aus Tschecho-Slowaken, Polen, Russen usw. hervorgehende Slawen-Konföderation (Weichsel)." — „Nach dem probezeiten Weltkriege entstehender Donau-Balkan-Bund (Donau)." (Über die Gestaltung des Nordens (Skandinaviens) sowie über genauere Gliederung des romanischen Gebietes scheinen Angaben nicht gemacht worden zu sein.)

Arnold Cronberg: Weltpolitik von SWCI
Verlag Hohe Warte, Pähl 1999

## „Gottes"-Streiter und ihre Söldner

> „Der uneingeschränkte U-Bootkrieg begann am 1. Februar 1917. Wilson erklärte nicht den Krieg. Es wurden im Februar zwei amerikanische Schiffe torpediert — Wilson erklärte nicht den Krieg. Da traten Begebenheiten*) ein, die trotz der Sabotage von Berlin aus dem deutschen Sieg wahrscheinlich machten. Nun erst erklärte Wilson Anfang April den Krieg **) und gleichzeitig setzten die überstaatlichen (Glaubens-)Mächte, einschließlich der Freimaurerei, zum neuen Ansturm gegen den deutschen Sieg ein, und Berlin trat in ihren Dienst, vor allem jene Parteien, die von jenen Mächten geformt waren und geleitet wurden. Es kam zur Krise des Weltkrieges."     E. Ludendorff, 1929 [255])

Die aus der Not eines volkserhaltenden Lebenskampfes, eines tatsächlichen Vernichtungskrieges, geborene „nationale" und „soziale" Revolutionierungspolitik des Deutschen Reiches seit 1914 gegenüber Rußland war zu einem „Landsknecht" religiöser Verheißungen geworden, nicht anders als schließlich die Kriegführung aller beteiligten Völker und Staaten. Nicht der Friede, sondern die „Initialzündung" für die Weltrevolution war das tatsächliche Ziel der eigentlichen, „Träger des Revolutionsprogramms". Die Sabotage eines Sonderfriedens mit dem Zaren, gerade auch durch die B'rith-Mitglieder Helphand und Max Warburg 1915, sollte den

*) Der Zusammenbruch der Zarenherrschaft und der Ausbruch der Revolution, die Erfolge des U-Boot-Krieges, das Scheitern der jesuitischen Sonderfriedensbemühungen für Österreich und die Festigung der deutschen Westfront.

**) Gebet des US-Kongresses nach der Billigung der Kriegserklärung an die Deutsche Kaiserreich, *Du weißt, o Herr, daß noch nie eine so infame, lasterhafte, habgierige, lüsterne und blutdürstige Nation das Buch der Geschichte so geschändet hat"* (wie die deutsche).[256])

Diese Teilungskarte, auf der Deutschland vom Erdboden verschwunden ist, veröffentlichte die US-Zeitschrift „Life" 1915.

Arnold Cronberg: Weltpolitik vom Sinai
Verlag Hohe Warte, Pähl 1991

# Historische Tatsachen Nr. 115

ANTHONY SCHLINGEL

## Fremdbestimmt und schuldbeladen

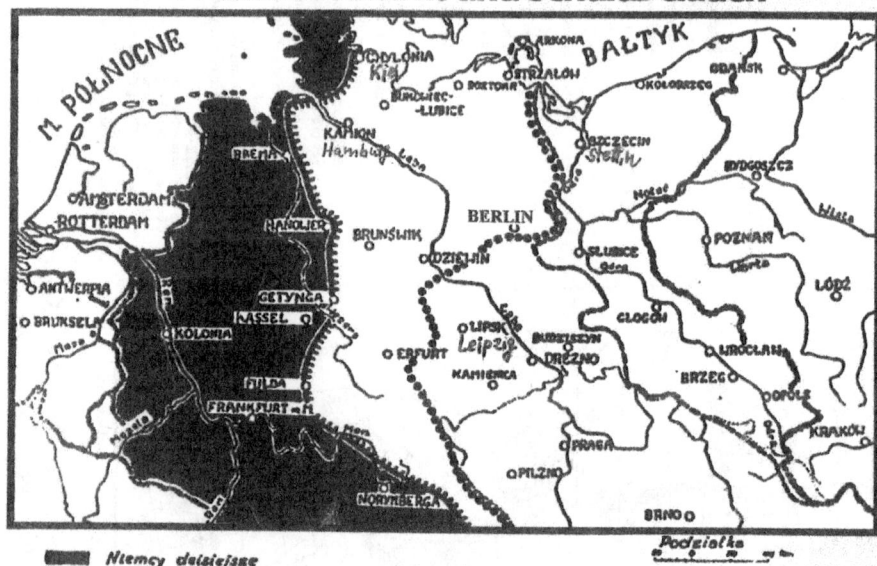

- ▬▬ Niemcy dzisiejsze
- ▬▬▬ Najdalszy zasięg Słowian na zachód według stów nazw geograficznych miejscowości ustalonych przez ks. St. Kozierowskiego
- ●●●●● Granica zachodnia Polski za Bolesława Chrobrego według prof. Wł. Semkowicza
- ━━━ Granica zachodnia Polski za Bolesława Krzywoustego według prof. Wł. Semkowicza
- ▬▬▬ Dzisiejsza granica zachodnia Polski

Ryc. 2. Najdalszy zasięg Słowian na zachód (patrz legenda na mapie)

Polens öffentliche Meinungsmacher, die seit 1919 für Eroberungen im Westen zum Schaden Deutschlands und im Osten auf Kosten Weißrußlands, der Ukraine und Litauens, aber auch gleichzeitig zur Minderheitenunterdrückung wesentliche Schrittmacherdienste leisteten, stimmten im Jahre 1939 verstärkt die polnische Bevölkerung auf weitere anmaßende Eroberungsgelüste ein. Sie wußten, daß die von der US-Roosevelt-Administration angestachelte britische Regierung dies alles mit ihrer Garantie an Polen Ende März 1939 und ihrem darin erkennbaren Kriegswillen gegen Deutschland abdeckte.

Die hier vorgelegte geographische Karte hat die polnische Zeitung *Dziennik Poznanski* am 26. Juli 1939 abgedruckt. In mehreren Etappen soll Polens Grenze im Westen von Kiel - Elbmündung - Hannover - Göttingen - Fulda - Nürnberg angestrebt werden.

Ein seit Frühjahr 1939 verstärkter Volkstumskampf gegen die in Polen wohnende deutsche "Minderheit", die Mobilisierung der polnischen Truppen und die Ablehnung jeglicher Gespräche mit der Reichsregierung mit Kriegsdrohung am 26. März ergänzen das Stimmungsbild im Vorkriegs-Polen 1939.

Auch nur annähernd Vergleichbares gab es im nationalsozialistischen Deutschland nicht!

# 12. Wehrmacht - Bundeswehr

1. Tradition
Die zur Zeit für das Militär der Bundesrepublik zuständige Ministerin von der Leyen will laut Zeitungsberichten aus den Kasernen alle Zeichen und Symbole, die Bezug zur deutschen Wehrmacht nehmen, entfernen lassen. Damit entzieht sie der Bundeswehr jegliche soldatische Tradition und macht die Soldaten gewissermaßen „heimatlos". Der Sinn des Soldatseins besteht doch darin, sein Volk und sein Vaterland zu verteidigen, daher der Name Bundes w e h r. Oder ist die Bezeichnung Bundeswehr eine Irreführung ? Verbietet man den heutigen Soldaten die Verbindung zu ihren Vorfahren, zieht man ihnen den Boden unter den Füßen weg. Selbst traditionelle Soldatenlieder sollen sie nicht mehr singen.
Fast überall auf dem Globus wurden die deutschen Soldaten als die besten Soldaten der Welt anerkannt. Wer kann besser Vorbild für die heutigen Soldaten sein als die besten Soldaten der Welt, die zudem noch ihre Großväter waren. Das Andenken an sie zu wahren ist kein Vergehen, kein Skandal, sondern sollte die natürlichste Sache der Welt sein.

2. Erster Weltkrieg
Im 1. Weltkrieg hatten Frankreich und England etwa 1 Million Soldaten mehr an der Front als die Deutschen. Im Bewusstsein dieser Übermacht ließen die französischen und englischen Generale ihre Truppen fast permanent gegen die deutschen Linien stürmen. Die Abwehr der zahlenmäßig unterlegenen deutschen Soldaten war aber so stark, dass Franzosen und Engländer keine nennenswerten Erfolge erzielen konnten. Wegen der ständigen Abwehrkämpfe entstand bei den Deutschen etwa ab 1916 für das kaiserliche Heer der Begriff „Wehrmacht".

Dieser Begriff wurde beibehalten und ging in mehrere Artikel der Weimarer Verfassung von 1919 ein. So heißt es in:
Art. 47 : Der Reichspräsident hat den Oberbefehl über die gesamte Wehrmacht des Reichs
Art. 50 : Alle Anordnungen ..... auf dem Gebiete der Wehrmacht .....
Art. 133 : ..... wieweit für Angehörige der Wehrmacht .....
Art. 140 : Den Angehörigen der Wehrmacht ist .....
Der Name Wehrmacht ist die in der Verfassung festgelegte richtig Bezeichnung für die deutschen Streitkräfte.

3. Zweiter Weltkrieg
Diese Wehrmacht erzielte dann im 2. Weltkrieg spektakuläre Erfolge in der Abwehr des von den Feinden Deutschlands schon etliche Jahre vor 1939 geplanten Krieges. Nach den Akten des finnischen Staatschefs, Marschall Mannerheim, haben Churchill und Stalin am 15. Oktober 1939 ein militärisches Geheimabkommen mit Zeitvorgaben für einen Vierfrontenkrieg gegen Deutschland geschlossen. Im Hintergrund zog US-Präsident Roosevelt die Fäden.
Nachdem Deutschland im 1. Weltkrieg einen Zweifrontenkrieg nicht überstanden hatte, hätte es einen Vierfrontenkrieg erst recht nicht überlebt. Die einzige Möglichkeit einer deutschen Verteidigung bestand darin, die vier Fronten einzeln zu zerschlagen, was schnelles Handeln erforderte, bevor die Feinde ihre Kräfte gebündelt hatten. Die Handlungen der Wehrmacht dienten also der Abwehr dieser drohenden Gefahren. Sie handelte damit als wirkliche „Wehr"macht, d.h. als Macht zur Abwehr. Sich auf die von aller Welt bewunderten soldatischen Leistungen des eigenen Volkes zu beziehen und sie zu würdigen, kann kein Skandal sein.

4. Der wirkliche Skandal
Einen wirklichen Skandal hat der als Asylant verkleidete Oberleutnant Franco A. tatsächlich offengelegt, nämlich wie leichtfertig und hirnlos die für das Asylanten(un)wesen zuständigen

bundesdeutschen Behörden gehandelt haben und wohl immer noch handeln. Man muss sich fragen, wie viele Tausende oder sogar Hunderttausende solcher Asylanten wie Franco A. in Deutschland aufgenommen werden und dann viele Jahre oder sogar Jahrzehnte auf Kosten der schwer arbeitenden deutschen Steuerzahler leben ?

Wenn man den Medien glauben darf, verkommt in Deutschland alles: Schulen, Universitäten, Amtsgebäude, Straßen, Brücken usw. Gemeinnützigen Einrichtungen, Sportvereinen und anderen ähnlich gelagerten Institutionen werden die Zuschüsse gekürzt oder gänzlich gestrichen. Auch das ist ein echter Skandal !

Sollten die vielen Millionen Euro, die für Asylanten vom Schlage eines Franco A. ausgegeben werden, nicht für die Menschen verwandt werden, die das Geld aufbringen ???

# 13. Rückblick – Ausblick

1. Einführung
Wenn man als halbwegs normaler Mensch die Welt betrachtet, kann man über ihren Zustand fast verzweifeln, besonders über die Zustände in Deutschland, das von manchen heute schon als „Absurdistan" bezeichnet wird. Sucht man nach Erklärungen, kommt man bald zu dem Ergebnis, dass der heutige Zustand zu einem erheblichen Teil die Folge ist von dem, was gestern war. Das wiederum ist eine Folge von dem, was vorgestern war, usw.. Kurz: Man landet mit der Abfolge der Ereignisse in der Geschichte. So kam ich dazu, mich mit Geschichte zu befassen.
Meine Erkenntnisse aus der Erforschung der letzten 100 Jahre, speziell der Vorgänge in und um Deutschland, habe ich in 5 Büchern mit dem Titel „Faktenspiegel" unter dem Pseudonym Herbert Hoff niedergelegt.

2. Geschichtsforschung
Ich habe mich sehr mit der Geschichte der letzten 100 Jahre beschäftigt, und zwar nicht nur mit den Geschehnissen in Deutschland, sondern über den Tellerrand hinaus blickend, auch mit den Vorgängen in ganz Europa. Wie konnten die europäischen Politiker im 20. Jahrhundert durch 2 entsetzliche Kriege, die der englischen Premierminister Winston Churchill als einen 30jährigen Krieg von 1914 bis 1945 gegen Deutschland bezeichnet hat, ihren eigenen Kontinent zerstören, denn letztlich war dieser 30jährige Krieg ein Krieg zur Selbstzerstörung Europas. Der Kontinent, der einst die Welt beherrschte, hat sich durch diesen Krieg gegen sich selbst von seinem Thron herunter gestoßen und spielt in der Welt von heute nur noch eine untergeordnete Rolle.
So begann ich mich auch mit der Zeit des Dritten Reiches zu beschäftigen. Tut man dies, stößt man sehr bald auf die vielen Judenmorde, heute als Holocaust bezeichnet. In Zahllosen Büchern fand ich oft abenteuerliche und unglaubliche Geschichten und oft sogar Widersprüche, so dass ich den Versuch gemacht habe, der Sache auf den Grund zu gehen. Da ich es beruflich 35 Jahre lang gewohnt war, mit buchhalterischer Gründlichkeit ein Zahlenwerk zu untersuchen, es kritisch gegen zu prüfen, nach Ursachen, Hintergründen und Zusammenhängen zu suchen, machte ich mich akribisch ans Werk. Aus alter Gewohnheit lernte ich schnell, die Spreu vom Weizen zu trennen, d.h. die wenig glaubhaften Geschichten beiseite zu lassen. Als feste Grundlage blieben die amtlichen Dokumente und Veröffentlichungen, aus denen ich meine Dokumentation zum Thema Holocaust zusammengestellt habe.
Schon als Kind war ich eine wissbegierige Leseratte und so nutzte ich jetzt meine viele Freizeit als Rentner, öffentliche Bibliotheken aufzusuchen, um mich dort zu informieren.

3. In der „freiheitlichen Demokratie"
Natürlich wusste ich aus den Medien bereits, dass die Deutschen während des 2. Weltkriegs 6 Millionen Juden ermordet hatten. Jetzt fand ich in den Büchern unterschiedliche und oft sogar gegensätzliche Darstellungen, selbst solche, die den Naturgesetzen widersprachen. Die zumindest konnten nicht stimmen. Aber was stimmte denn überhaupt? Also beschloss ich, mich diesem Thema zuzuwenden, und zwar mich möglichst auf die amtlichen und behördlichen Veröffentlichungen zu stützen. So staunte ich denn nicht schlecht, dass nach etlichen offiziellen Angaben sachkundiger Leute und Institutionen nur etwa 3 bis 4 Millionen Juden unter deutscher Herrschaft waren. Selbst die israelische Gedenkstätte Yad Vashem in Jerusalem gibt mit dem Riegner-Telegramm die Gesamtzahl aller Juden unter deutscher Herrschaft mit 3,5 bis 4 Millionen an. Aus den alljährlichen Veröffentlichungen des Bundesfinanzministeriums über Wiedergutmachungsleistungen an überlebende Juden lässt sich aus den angegebenen Daten die Zahl der Überlebenden mit 4 bis 4,5 Millionen errechnen.
Die zu klärende Frage lautet also: Wie konnten die Deutschen von ca. 4 Millionen Juden, die allerhöchstens unter ihrer Herrschaft waren, 6 Millionen ermorden, und wie konnten entsprechend

den jahrzehntelangen alljährlichen Angaben des Bundesfinanzministeriums – das ist ja die Bundesregierung – mehr als 4 Millionen ihre Ermordung überleben? Aus der Fülle der in den öffentlichen Bibliotheken befindlichen Materialien, insbesondere den amtlichen Dokumenten habe ich eine Zusammenstellung gemacht, die all diese Zahlen belegen und damit genau diese Frage aufwerfen.
Meine Dokumentation brachte mir eine Anklage und eine Verurteilung zu 10 Monaten Gefängnis ein wegen sog. „Volksverhetzung". Im Urteil des Landgerichts Hannover heißt es dazu:

> *Über Jahre trug er aus öffentlichen Quellen, insbesondere aus in öffentlichen Bibliotheken ausleihbaren Werken Dokumente zusammen......*
> *Hauptquelle des Autors ist das Gedenkbuch der deutschen Bundesregierung.*
> *Die Zahlenangaben werden genau belegt, und zwar aus offiziellen oder jüdischen Quellen.*

Nun frage ich mich die ganze Zeit, kann man für seine diesbezüglichen Untersuchungen noch bessere Quellen finden als die Angaben von Yad Vashem in Jerusalem sowie diverse weitere jüdische Veröffentlichungen? Sind die Veröffentlichungen der Bundesregierung und anderer Behörden nicht verlässlich? Muss man davon ausgehen, dass israelische und deutsche Behörden lügen?
Das Landgericht Hannover bescheinigt mir im Urteil, dass ich saubere und korrekte Arbeit geleistet habe. Das Gericht hat mir nicht den geringsten Fehler und nicht das geringste Verschulden nachgewiesen, sondern eher im Gegenteil, mir bestätigt, dass ich gut gearbeitet habe. Dafür wurde ich zu 10 Monaten Gefängnis verurteilt. Ist so etwas Recht oder ist das Unrecht?
Meine Revision gegen dieses Urteil wurde vom OLG Celle mit weniger als einer halben Seite Text abgewiesen, deren Kernsatz lautet:

> *Der Autor kann sich nicht auf die Meinungs- und Wissenschaftsfreiheit berufen.*

Einen klareren Gesetzesverstoß kann es wohl nicht mehr geben.
Da auch das BVerfG die Annahme einer Verfassungsbeschwerde verweigerte, musste ich die vollen 10 Monate im Gefängnis verbringen. Kriminelle aller Art können Erleichterungen erhalten oder vorzeitig entlassen werden. Für politische Häftlinge gilt das aber nicht. Das wurde mir mehrfach zu verstehen gegeben, und so musste ich die vollen 10 Monate hinter Gittern bleiben.

### 4. Vorgänge in Auschwitz

Hauptvernichtungsort für Juden war das Konzentrationslager Auschwitz. Dort wurden, so hieß es 60 Jahre lang, 4 Millionen Juden vergast. Nachdem aber in Moskau die Archive geöffnet waren und die Auschwitz-Akten zum Vorschein kamen, ließen sich alle bis dahin erhobenen Behauptungen nicht mehr halten und die Zahl der getöteten Juden wurde teils offiziell, teils stillschweigend auf 1 Million herabgesetzt. Da sich die aus den Dokumenten ergebenden Zahlen von den bisher genannten offiziellen Zahlen stark abweichen, habe ich weitere Forschungen durchgeführt, auch in der übrigen Literatur. So gibt der frühere SPIEGEL-Redakteur Fritjof Meyer die Zahl der in Auschwitz insgesamt Verstorbenen mit m u t m a ß l i c h 510.000 an (davon 356.000 w a h r s c h e i n l i c h im Gas Ermordete). Jean-Claude Pressac nennt 130.000 Gesamttote und nach den von der staatlichen polnischen Gedenkstätte Auschwitz veröffentlichten amtlichen Sterbebüchern des Standesamtes Auschwitz gab es knapp 90.000 Sterbefälle, davon knapp 30.000 Verstorbene mosaischen Glaubens (Juden). Auch Yehuda Bauer, Professor für Holocaust-Studien an der Hebräischen Universität Jerusalem, gibt die Zahl der in Auschwitz ums Leben gekommenen Juden mit 29.980, d.h. knapp 30.000 an. Wirft man einen Blick in die Sterbebücher, stellt sich

heraus, dass etwa 26.000 Juden während der Fleckfieber-Epidemien in 1942 und 1943 ums Leben gekommen sind. In den Kommandanturbefehlen des Lagers Auschwitz gibt es keinen Hinweis auf Menschenvergasungen. Hinzu kommt, dass ab August 1943 das Ungeziefer-Vernichtungsmittel Zyklon B für die Lager gesperrt war und es ab März 1944, nach der Bombardierung des Herstellerwerks in Dessau, kein Zyklon mehr hergestellt werden konnte, es also in Deutschland kein Zyklon mehr gab.
So stellt sich also die Frage: Waren es in Auschwitz 4 Millionen oder 1 Million oder 510.000 oder 130.000 oder 30.000 jüdische Tote, wie es die amtlichen Sterbebücher und Professor Bauer sagen ?

Aus einem Dokument ergibt sich, dass sich im September 1943 in Auschwitz 25.000 Juden befanden. Ab Mitte Mai 1944 wurde für Juden eine eigene Nummernserie eingeführt, aus der sich nach den Angaben der Gedenkstätte ergibt, dass ab Mitte Mai 1944 noch etwa 65.000 weitere Juden in Auschwitz aufgenommen wurden, zusammen also 90.000. Rechnet man noch eine Dunkelziffer hinzu, kommt man auf etwa 100.000. Nach Abzug der 30.000 Verstorbenen verbleiben 70.000 Überlebende, von denen etwa 65.000 kurz vor Kriegsende in westlich gelegene Lager evakuiert wurden. Von diversen heutigen Gedenkstätten liegen dafür Empfangsbestätigungen vor. Es verbleibt ein ungeklärter Rest von etwa 5.000. Rund 7.000 Kranke blieben zu ihrem Bedauern in Auschwitz zurück, unter denen sich ja auch Juden befunden haben können. Der jüdische Arzt Otto Wolken schildert in den polnischen Auschwitz-Heften, dass im Januar 1945 beim Abzug der SS auch seine sämtlichen Kranken mit der SS mitgehen wollten. Keiner wollte im Lager bleiben und auf die sowjetischen Befreier warten.
Soweit die Fakten, wie sie sich aus den öffentlich zugänglichen Quellen ergeben.

5. Die heutige Lage
In den Medien hören und lesen wir aber seit 70 Jahren völlig andere Darstellungen, die man wohl schlichtweg als Propaganda bezeichnen kann. Seit 70 Jahren werden wir überschüttet mit etwas, das die Hirne vergiftet, so dass viele nicht mehr klar denken können. Besonders die nachwachsenden Generationen sind nur noch in dieser Propaganda aufgewachsen, und sie halten die mit den Tatsachen nicht übereinstimmenden Schilderungen für die Wahrheit. Die Politiker der Bundes- republik - wenn man sie denn überhaupt noch als deutsche Politiker bezeichnen kann - tun alles, um die Wahrheit zu unterdrücken, wozu extra der sog. Volksverhetzungsparagraf 130 in das StGB eingearbeitet wurde. In wessen Interesse handeln sie damit ???
Das seelisch kranke Volk duldet im Bewußtsein der ihm eingeredeten Schuld einerseits die permanente Ausplünderung des eigenen Landes durch direkte und indirekte Tributzahlungen und andererseits durch Angela Merkels riesige Asylantenflut. Menschenmassen, die viele Jahre oder sogar Jahrzehnte auf Kosten der hart arbeitenden deutschen Steuerzahler hier leben werden. Weitere Folgen sind Terrorismus – nicht nur in Deutschland - und überall gestiegene Kriminalität. Auf diese Weise kann man auch ein Volk und ein Land zugrunde richten. Die etablierten Parteien tun nichts dagegen, so dass man sich wirklich als Bewohner eines „Absurdistan" fühlt.

Einen gewissen Lichtblick sehe ich in folgendem:
Bezüglich des Lagers Auschwitz hat das OLG Naumburg im Oktober 2015 einen Angeklagten freigesprochen statt ihn pauschal zu verurteilen, wie es bisher üblich war. Das OLG Naumburg sagt ausdrücklich, dass die in der Kindheit des Angeklagten als „Allgemeingut" gelehrten Zahlen über Opfer teilweise stark überhöht waren und gemeinhin in der Umgangssprache als „Lüge" bezeichnet werden können. Zu den Opferzahlen von Auschwitz liegen keine über Jahrzehnte gesicherten Zahlen vor. Die jahrzehntelang als gesichert angesehenen Opferzahlen haben sich als weit überhöht herausgestellt. In diesem Urteil sehe ich einen Schritt in die richtige Richtung. Danach folgten m.W. nur noch leichte Verurteilungen oder Verfahrenseinstellungen.

Am 22. Juni 2018 hat das BVerfG mit Urteil 2083/15 festgestellt, dass der § 130, Abs. 3 StGB kein allgemeines Gesetz ist, sondern spezifisch nur Äußerungen zum Nationalsozialismus unter Strafe stellt (Rn 21). § 130, Abs. 3 StGB ist (aber auch) auf die Bewahrung des öffentlichen Friedens ausgerichtet (Rn 23). Art. 5, Abs. 1 und 2 GG erlaubt nicht den staatlichen Zugriff auf die Gesinnung, sondern ermächtigte erst dann zum Eingriff, wenn Meinungäußerungen die Späre des Für-richtig-Haltens verlassen und in Rechtsgutverletzungen oder erkennbar in Gefährdungslagen umschlagen (Rn 17). Eine Verurteilung nach § 130 Abs. 3 StGB kommt insoweit in allen Varianten ….. nur dann in Betracht, wenn hiervon allein solche Äußerungen erfasst werden, die geeignet sind, den öffentlichen Frieden im Sinne der Anforderungen des Art. 5, Abs.1 GG zu gefährden (Rn 23). Die Meinungsfreiheit findet erst dann ihre Grenzen im Strafrecht, wenn die Äußerungen in einen unfriedlichen Charakter umschlagen (Rn 30). Aufgrund dieses Urteils haben die Landgerichte Paderborn und Hannover im Dezember 2018 und im Januar 2019 zuvor Verurteilte freigesprochen. Gegenwärtig scheint sich eine Entwicklung anzubahnen, dergestalt, dass wir auch in Deutschland die Wahrheit sagen dürfen.

Was können die Bürger tun ? Ich sehe 2 Möglichkeiten:
1. Allen Leuten Fragen stellen: a) wie kann man von 4 Millionen 6 Millionen ermorden, von denen mehr als 4 Millionen überlebt haben ?
   b) Wie konnte man in Auschwitz von ca. 100.000 Juden 1 Million - die heute noch offiziell genannte Zahl - ermorden?
2. Als weitere Möglichkeit bleibt der Wahlzettel. Nur wenn eine große Zahl von Bürgen nicht mehr die Parteien wählt, die uns 70 Jahre lang belogen haben, lässt sich eine Änderung bzw. ein Umschwung herbeiführen. Als einzige Parteien sehe ich nur die NPD oder die AfD, wenn man den etablierten Parteien die Rote Karte zeigen will. Mit CDU oder SPD kann es keine positive Wende geben. Wir müssen alles tun, um es ohne diese beiden Parteien zu versuchen.

# 14. Haben die Revisionisten in der Krise Europas eine Chance ?

1. Einführung

Wenn man als halbwegs normaler Mensch die Welt betrachtet, kann man über ihren Zustand fast verzweifeln, besonders über die Zustände in Deutschland, das von manchen Leuten heute schon als „Absurdistan" bezeichnet wird. Sucht man nach Erklärungen, kommt man bald zu dem Ergebnis, das der heutige Zustand zu einem erheblichen Teil die Folge ist von dem, was gestern war. Das wiederum ist eine Folge von dem, was vorgestern war, usw. Kurz: Man landet mit der Abfolge der Ereignisse in der Geschichte.

Die Welt bzw. die Weltgeschichte wird gesteuert von ihren Führern. Früher nannten sie sich Fürsten, Kaiser oder Könige, heute nennen sie sich Ministerpräsident, Kanzler oder Staatspräsident. Der Unterschied zu früher ist nur, dass Kaiser oder Könige meist durch Geburt, also im Prinzip ohne eigenes Zutun, auf ihren Thron kamen. Die heutigen Politiker bewerben sich um ihren Posten, meist werden sie von irgendwelchen Hintergrundmächten gehoben oder geschoben, gelangen also durch das Zutun anderer in ihre Stellung. Sie sind oft weiter nichts als vorgeschobene Gallionsfiguren dieser verborgenen Mächte und müssen nach deren Pfeife tanzen, wenn sie lange auf diesem Posten oder auch lange am Leben bleiben wollen. So dominieren in der Politik Machtinteressen, oft auch Brutalität und Krieg über die Menschen und ihr Recht.
Die Psychologin Lisa Marshall von der Glasgower Caledonia-Universität hat drei Jahre lang in einem Forschungsprojekt u.a. auch Politiker untersucht. Ihr Ergebnis: Die hervorstechenden Charakteristika dieser Spezies seien, bis auf wenige Ausnahmen, Gefühllosigkeit, rücksichtsloses Ausnutzen anderer, ständiges Lügen ohne Gewissensbisse, Seichtheit, hochentwickeltes Selbstwertgefühl und ein von der Norm abweichender Lebensstil. Es kümmert sie nicht , dass Leben und Gesundheit anderer Menschen durch unangemessenes, rücksichtsloses Verhalten ohne Not gefährdet werden. Die Menschen, die Völker vertragen sich im allgemeinen. Das Übel auf der Welt sind machthungrige, raffgierige, kurzsichtige und dumme, ganz besonders aber böswillige Politiker. Gelangen sie dazu noch in Spitzpositionen der Macht, richten sie das größte Unheil an. Die Selbstzerstörung Europa im 20. Jahrhundert ist der beste Beweis dafür.

2. Europas Geschichte

Kommen wir nun auf Europas Geschichte zu sprechen. Nach dem Zerfall des römischen Imperiums entwickelte sich als neue Macht das Heilige Römische Reich Deutscher Nation, das sich als Nachfolger des römischen Reichs sah und sich deshalb auch so nannte. Dieses Reich umfasste rund Dreiviertel von West- und Mitteleuropa und war somit bis weit in das Mittelalter hinein politisch, militärisch und wirtschaftlich der mit Abstand größte Machtfaktor in Europa.
Dann begann im Jahr 1618 , hundert Jahre nach Martin Luthers Thesenanschlag, ein 30 Jahre währender deutscher Selbstzerstörungskrieg, der unter Mithilfe nichtdeutscher Mächte das große Reich in zahllose Einzelteile zersplitterte. Der Kaiser verlor seine Macht und das jetzt ohnmächtige Reich wurde zum Spielball anderer. Diese anderen Mächte – von dem französischen Kaiser italienischer Abstammung Napoleone Buonaparte einmal abgesehen – richteten nach der Entdeckung weiter Teile der Welt ihre Begierden auf diese Teile und schufen dort ihre Kolonialreiche. In Europa trat dadurch eine relative Ruhe ein. Das total zersplittete Deutschland konnte sich wieder sammeln und erreichte durch Bismarck in kleindeutschem Rahmen seine Wiedervereinigung.
Dieses wiedervereinigte Deutschland nahm vor allem in Wirtschaft und Wissenschaft eine führende Stellung in Europa ein, so dass Neid und Eifersucht der englischen und französischen Politiker nach einem Krieg strebten, um den Höhenflug Deutschlands zu beenden. Dieser Krieg begann 1914 und er endete nicht 1918. Er wird oft als die Urkatastrophe Europas bezeichnet. So schlimm und so entsetzlich dieser Krieg auch war, zur wirklichen Katastrophe für Europa wurde er erst durch die

vielen Nichtfrieden des Jahres 1919 in Paris. Die ohne deutsche Teilnehmer in Paris versammelten „demokratischen" Politiker stellten die Weichen für Europas Fahrt in den Abgrund, indem sie den Kontinent durch schlimmste Volksunterdrückungen und Volksvergewaltigungen sowie ihre Raffgier und Rachsucht in ein Jahrzehnt währendes Chaos stürzten, bis sie 1939 einen neuen europäischen Selbstzerstörungskrieg entfesselt hatten. Winston Churchill hat diese beiden Kriege als einen einzigen 30-jährigen Krieg gegen Deutschland bezeichnet. Wie Deutschland vor rund 400 Jahren durch einen 30-jährigen Krieg so etwas wie Selbstmord beging, so hat sich ganz Europa im 20. Jahrhundert durch einen 30-jährigen Krieg gegen ich selbst um seine führende Stellung in der Welt gebracht und wurde wie einst das Heilige Römische Reich zum Spielball anderer, nun weitgehend außereuropäischer Mächte. Ganz Europa erlitt schwere Schäden und wird seit 1945 bevormundet und fremdverwaltet. Es wurde im Westen mehr und mehr zu einem Satelliten der USA, verwaltet von us-hörigen Politikern. Diese Entwicklung hat sich in den letzten Jahren immer weiter nach Osten fortgesetzt, bis sie an der Grenze Russlands angekommen ist. Die Völker, die Menschen interessieren in der heutigen globalisierten Welt nicht. Es zählt nur der Profit. Staaten, die sich gegen diese moderne Form der Demokratie zur Wehr setzen, werden zu Schurkenstaaten erklärt und notfalls zur Durchsetzung der eignen Interessen mit Krieg überzogen.

In den USA haben nach Angaben des amerikanischen Buchautors James Petras in allen entscheidenden politischen Gremien Zionisten und Zionistenfreunde die absolute Mehrheit, so dass keinerlei Entscheidungen gefällt werden können gegen die Zionisten oder gegen das Verhalten Israels. Somit sind letztlich auch die USA ein Vasall.

Europas Teile haben auch 30 Jahre nach dem Fall von Mauer und Stacheldraht, die den Kontinent einst teilten, nicht zueinander gefunden.Seine Politiker liefern Lppenbekenntnisse, aber sie tun nichts, was für Europa gut sein könnte.

3. Die heutige Situation

Schon während des 2. europäischen Selbstzerstörungskriegs waren in den USA Pläne entwickelt worden, wie man das deutsche Volk nach dem Krieg vernichten könne. Erwogen wurde neben der Sterilisierung aller erwachsenen Deutschen in einer riesigen Massenaktion auch, alle deutschen Männer in Gefangenschaft zu halten und dann Deutschland mit fremdrassigen Männern aus der ganzen Welt zu fluten, so dass deutsche Frauen fast nur noch solche fremdländischen Männer heiraten konnten. Zudem war eine starke Reduzierung der deutschen Geburtenrate vorgesehen. Die Entwicklung verlief jedoch zunächst anders, da Stalin zu seiner alten Politik der bolschewistischen Weltrevolution zurückkehrte, was zum sog. „Kalten Krieg" führte. Jetzt brauchten die Westmächte Deutschland als Vorfeld und Aufmarschgebiet für den nächsten großen Krieg. Daher konnten sie es nicht wie geplant zerstören, sondern mussten es sich selbst entwickeln lassen. Dadurch, dass Stalin durch das Umschwenken seiner Politik auch die „ehrenwerten Gentlemen" zum Umschwenken ihrer Politik veranlasste, kann man Stalin vielleicht sogar als den Retter Deutschlands ansehen, trotz aller Verbrechen, die er an und in Deutschland begangen hat.

Mit dem Zusammenbruch der Sowjetunion ging auch der Kalte Krieg zu Ende, und nun hatte man Zeit, sich wieder der Zerstörung nicht nur des deutschen Volkes, sondern aller europäischen Völker zuzuwenden. Da Gewaltmaßnahmen bei den jetzt angeblich Verbündeten nicht mehr möglich waren, erfolgt die Unterwanderung Europas jetzt auf leisen Sohlen. Die heutigen Politiker – man fragt sich immer, von wem sie abhängig sind und wer sie steuert – tun alles, um den von Schlepperorganisationen bewirkten Ansturm auf Europa, vor allem Einwanderungen aus Afrika und dem Vorderen Orient, zu fördern. Die riesige Asylantenflut meist ungebildeter und daher in Europa kaum arbeitsfähiger und oft auch arbeitsunwilliger Menschen belastet Europa nicht nur finanziell und wirtschaftlich, sondern es entsteht darüber hinaus eine Mischung aus nebeneinander lebenden Völkern und Volksteilen, früher einmal als Balkanisierung bezeichnet. Diese Völker lassen sich im Bedarfsfall gegeneinander aufwiegeln, so dass man für ständige Unruhe und notfalls auch für Krieg sorgen kann (siehe Balkan).

Der weitaus größte Teil der Asylanten sind Moslems, und so schaffen die europäischen Politiker ihrem Kontinent ungeahnte neue Probleme. Die Neuankömmlinge haben hohe Geburtenraten, während man bei der einheimischen Bevölkerung die Geburtenrate stark gesenkt hat. In einigen Jahrzehnten droht daher die Bevölkerung „umzukippen" so dass die Moslems die Mehrheit stellen. Dann werden sie auch nach der Macht streben und die Islamisierung Europas betreiben.

Im Islam gilt als oberste Leitlinie der Koran, wie er vor 1.400 Jahren festgelegt wurde. Die Verehrung des Koran in seiner Originalsprache hat bewirkt, dass das Arabische als einzige Sprache der Welt sich in den letzten 1.400 Jahren nicht wesentlich verändert hat. Sein Vokabular ist noch heute Umgangssprache. Millionen von Muslimen lernen schon als Kinder den Koran (oder wesentliche Teile davon) auswendig. Wettbewerbe im auswendigen Rezitieren des Koran gibt es überall in der moslemischen Welt.

In Europa trat spätestens seit Martin Luther eine langsame Entmachtung der alles unterdrückenden christlichen Kirchenorganisation ein. In der Folge begann Europa sich frei zu machen von Bevormundung und Unterdrückung. Wissenschaftliche Forschungen und technische Erfindungen machten Europa zum führenden Kontinent in der ganzen Welt, bis Europa sich durch seinen 30-jährigen Selbstzerstörungskrieg selbst um seine führende Rolle brachte.

Im Islam dürfte sich dagegen auswirken, dass die arabische Sprache und damit vielfach auch das Denken seit 1.400 Jahren nahezu unverändert geblieben sind. Dieses archaische Arabisch ist wie ein Klotz am Bein der Muslime. Sie befinden sich in einer Art geistigem Gefängnis. Hinzu kommt, dass Millionen von ihnen fast keine Schulbildung haben, ihr Wissen also gering ist. Nur eines kennen bzw. können sie, die schon im Kindesalter auswendig gelernten Koranverse. So können sie mangels anderer Bildung die Welt nur durch die Brille des Koran betrachten. Ein solch eingeschränktes Sichtfeld bezeichnet man als Tunnelblick. Auch die Sichtweise gebildeter Moslems dürfte durch die Koranbrille beeinträchtigt sein. Als Beispiele für heutige islamische Entwicklungen sei auf den iranischen Mullah-Staat, die afghanischen Taliban und vor allem auf den „Islamischen Staat" im Vorderen Orient hingewiesen, die schon heute einen Vorgeschmack auf islamische Machtausübung geben.
Der seit Mitte des 20. Jahrhunderts im Nahen Osten praktizierte Aggressionsterrorismus hat den palästinensisch-arabisch-moslemischen Verteidigungsterrorismus hervorgerufen, der im Laufe der Jahrzehnte auch zum Verzweiflungsterrorismus wurde. Dann traten wegen ihrer Ölinteressen die USA auf den Plan. Erst die amerikanischen Kriege gegen den Irak und in Afghanistan, vor allem aber die dort begangenen Kriegsverbrechen führten dazu, dass sich zehntausende empörte Moslems zu einem „Islamischen Staat" zusammenschlossen, der wieder streng nach den Regeln des Koran regiert wurde und damit rückwärts gewandt ist. Gleiches oder Ähnliches dürfte Europa im Falle einer Machtübernahme durch die Muslime auch drohen. Wenn nur der 1.400 Jahre alte Koran zählt und die inzwischen eingetretene Entwicklung nicht nur ignoriert, sondern sogar um 1.400 Jahre zurückgedreht werden soll, stehen Europa ähnlich schlimme Zeiten bevor wie im christlichen Mittelalter.
Die selbsternannte „Westliche Wertegemeinschaft", die sich im Nahen Osten (und nicht nur dort) durch Krieg und Kriegsverbrechen hervortat, hat damit Schlimmes verursacht. Mittlerweile hat es diese „Wertegemeinschaft" erreicht, dass die Sendboten des Terrorismus in vielen Teilen Europas auftreten. Man kann nur wünschen, dass eine Umkehr auf diesem Weg erfolgt.

4. Europas Krise als Hoffnungsschimmer
Die Frage, ob Revisionisten in der europäischen Krise eine Chance haben, kann man dahingehend beantworten, dass Revisionisten nur in der Krise eine Chance sehen können. Wir leben in einer

Demokratie – so erzählt man es uns. Doch was ist das ? Wenn wir einmal die letzten 100 Jahre der Geschichte vor unserem geistigen Auge Revue passieren lassen, so stellen wir fest: Das, was sich in den letzten 100 Jahren selbst als Demokratie bezeichnete, waren schlimmste Volksunterdrückungen und Volkvergewaltigungen, schlimmste Kriege und allerschlimmste Kriegsverbrechen, bis zum heutigen Tag, zu denen sich heute auch noch die kapitalistische Ausbeutung als weitere Geißel der Menschheit hinzugesellt. Wir leben heute - so wird es uns auch erzählt - in einer freiheitlichen Demokratie. Die Freiheitsrechte sind sogar in vielen Gesetzen festgeschrieben. Aber wie sieht die Wirklichkeit aus ? Wir haben Redeverbote und Denkverbote. Wer dagegen verstößt, also von seinen Freiheitsrechten Gebrauch macht und damit gegen die Vorgaben angeblich demokratischer Politiker verstößt, wird geächtet, wirtschaftlich ruiniert oder landet gleich im Gefängnis. Auch die Unterdrückung von Bürgern, die im Netz ihre Meinung sagen, gehört dazu. In den Medien ergießt sich über uns eine einseitig verdrehte und verzerrte Berichterstattung, weil die Politiker es so wollen. Wichtige Dinge werden entweder ganz verschwiegen oder wir erfahren nur Halbwahrheiten, wie es von oberer Stelle gewünscht wird.

Für uns Deutsche gibt es noch ein besonderes Problem, und das heißt Holocaust. Seit mehr als 70 Jahren wird uns ständig vorgehalten, dass unsere Vorfahren 6 Millionen Juden hauptsächlich mit Gas ermordet haben. Da die „Juden" aber zu etwa 95% aus Chasaren mit jüdischer Religion bestehen, die gar keine echten Juden und auch keine Semiten sind, wäre es richtiger, für sie auch die Bezeichnung „Chasar" zu verwenden.
Spätestens seit 1990 gibt es zahlreiche Veröffentlichungen wie vom Internationalen Roten Kreuz in Genf, dem Vatikan, der Brockhaus-Enzyklopädie, dem ZDF und vielen anderen sachkompetenten Leuten, die besagen, dass während des 2. Weltkriegs etwa 3 Millionen Chasaren unter deutscher Herrschaft waren. Die israelische Gedenkstätte Yad Vashem in Jerusalem veröffentlicht im Jahr 1993 in der Enzyklopädie des Holocaust das sog. Riegner-Telegramm, in dem der Vertreter der jüdischen Weltorganisation in Genf, Riegner, am 8. August 1942 angibt, dass die Gesamtzahl aller Juden (Chasaren) unter deutscher Herrschaft 3,5 bis 4 Millionen beträgt. 4 Millionen ist die höchste Zahlenangabe, die man in diesem Zusammenhang findet. Das Bundesfinanzministerium veröffentlicht seit vielen Jahrzehnten die alljährlichen Zahlungen an Chasaren und Juden zur Wiedergutmachung. Daraus lässt sich ermitteln, dass von 4 Millionen Ermordeten etwa 4,5 Millionen ihre Ermordung überlebt haben müssen, denn so viele haben Wiedergutmachungsanträge geschrieben und nur Lebende können Anträge schreiben. Wer das hinterfragt oder Zweifel äußert, landet vor dem Kadi und wird rigoros verurteilt. Obwohl es den Richtern als Amtspflicht vorgeschrieben ist, werden von ihnen keinerlei Untersuchungen oder Nachforschungen angestellt, denn es ist offenkundig, dass die Deutschen von 4 Millionen 6 Millionen ermordet haben, von denen 4,5 Millionen überlebten. Sind solche Vorstellungen in einem normalen Land und bei normalen Menschen möglich oder gehören sie in ein Land, das man nur noch als „Absurdistan" bezeichnen kann ?
Im März und Mai 1944 wurde die Fabrik in Dessau, die das Ungezieferverrichtungsgas Zyklon B herstellte, durch einen Bombenangriff so stark zerstört, dass die Produktion des Mittels zum Erliegen kam. Es gab ab Frühjahr 1944 das Gas Zyklon B nicht mehr, weil praktisch keines mehr hergestellt werden konnte. Aber schon vorher, ab August 1943, war das Gas für die Konzentrationslager gesperrt worden. Nach den von der Bundesregierung und anderen veröffentlichten Zahlen gab es schon ab Frühjahr 1943 keine Masseneinlieferungen in das Lager Auschwitz. Aber es gilt als offenkundig, dass im Jahr 1944 in Auschwitz umfangreiche Massenvergasungen erfolgten, d.h. dass nicht anwesende Menschenmassen mit nicht vorhandenem Gas vergast worden sind. Ist so etwas absurd oder ist das normal ? Die 1995 veröffentlichten amtlichen Sterbebücher des Lagers Auschwitz weisen insgesamt 90.000 dort Verstorbene aus, darunter 30.000 Chasaren, von denen etwa 26.000 Fleckfieberepidemien in den Jahren 1942 und 1943 zum Opfer fielen.

## 5. Schlussbetrachtung

Die absurden Zustände zu ändern und zur Wahrheit zu kommen, kann nur das Bestreben jedes normalen Menschen ein. Da das in seiner Einseitigkeit festgefahrene Politikersystem kaum zu Änderungen bereit sein wird - man sitzt ja in seinen Pfründen sehr gut - kann nur das Volk eine Änderung herbeiführen. Das hauptsächlich von Merkel geförderte, Europa belastende und auf Dauer zerstörende Asylantenunwesen, versetzt viele Menschen in Angst, aber das Volk wird (leider viel zu langsam) wach. Wer steuert Merkel ? Im SPIEGEL Nr. 27/2006, Seite 14, stand eine Mitteilung, dass der israelische Botschafter in Berlin, Stein, noch nicht abberufen werden könne, weil er einen exzellenten Draht zu Merkel hat. Beide haben ein fast freundschaftliches Verhältnis und sie verbringen – manchmal auch mit Merkels Ehemann - gemeinsame Rotweinabende.

Wer also steuert Merkel ?

Dem Volk bleibt fast nur die Möglichkeit, mit dem Wahlzettel das lügende und betrügende Politikerpack davon zu jagen. Nur wenn das jetzige"demokratische" Unterdrückungssystem geändert wird, aber nicht in Richtung auf einen „Islamischen Staat" kann eine Besserung eintreten. Insofern besteht Hoffnung.

JF 9/3.12, S.12

Zur Hölle mit den Politikern. In welchem Land gibt es welche, die die Wahrheit sagen?

Medientycoon Rupert Murdoch übertrifft bei Twitter noch die Sprache seiner Boulevardzeitungen wie der „Sun"

ISRAEL
## Stein bleibt

Eigentlich wollte der israelische Botschafter in Deutschland, Schimon Stein, 58, Berlin in diesem Jahr den Rücken kehren. Nach gut fünf Jahren in der Bundesrepublik zog es ihn zurück zu seiner Familie in Israel. Außenministerin Zipi Livni jedoch hat den Spitzendiplomaten, seinen Posten noch bis Mitte 2007 weiterzuführen. Der Grund: Kurz bevor am 1. Januar die deutsche EU-Ratspräsidentschaft beginnt, will Jerusalem nicht einen Nachfolger nach Berlin schicken, dem es an Kontakten zur Bundesregierung fehlt. Stein, so die hausinterne Begründung für die Vertragsverlängerung, werde vor allem für seinen exzellenten Draht zu Bundeskanzlerin Angela Merkel geschätzt. Die beiden verbindet ein fast freundschaftliches Verhältnis. Bei den gemeinsamen Rotweinabenden ist mitunter auch Merkels Ehemann Joachim Sauer zugegen. Stein war sogar schon einmal Gast auf Merkels Datsche in der Uckermark.

DER SPIEGEL 27/2006, S.14

*Ich nenne das einen Rückzugsort für Schurken.*

Tony Bunyan, Chef der Organisation „State Watch" über eine Neuregelung in der EU, nach der problematische Dokumente nicht mehr veröffentlicht werden

### Kushner trifft Netanjahu NDZ 23.6.18, S.2

Jared Kushner (37), Nahost-Gesandter und Schwiegersohn von US-Präsident Donald Trump, hat nach Medienberichten Israels Ministerpräsidenten Benjamin Netanjahu in Jerusalem getroffen. Kushner ist noch bis Sonnabend zu Gesprächen über den Nahost-Konflikt in Israel, wie ein Sprecher des US-Konsulats in Jerusalem am Freitag bestätigte. Er werde dabei von US-Unterhändler Jason Greenblatt begleitet. Es hieß, Gespräche mit Mitgliedern der palästinensischen Führung werde es nicht geben.

NDZ 26.6.2018

ZEICHNUNG: HAITZINGER

# 15. Über den Koran
Quelle: Der Koran, aus dem Arabischen von Max Henning, Reclam, Leipzig 1901, überarbeitet von Murad Wilfried Hofmann, Istanbul, Lagri Yayinlari, Istanbul 2013

## 1. Das Buch
Der Koran besteht aus 114 Kapiteln (Suren), die geordnet sind nach ihrer Länge. Einer kurzen Einführungssure mit 7 Sätzen folgen die 2. Sure mit 286 Versen, die 3. Sure mit 200 Versen und die Suren 4 bis 12 mit jeweils über 100 Versen. Es endet mit kurzen Suren ab der 95., die meist nur wenige Sätze enthalten. Sie haben in erster Linie theologischen Verkündigungscharakter. Historisch gesehen, waren die kurzen, jetzt die letzten Suren, die ersten, denn sie kamen aus der Zeit, als Mohammed anfing, seine Religion zu entwickeln. Sie entsprechen aber nicht den zehn Geboten, wie es sie im Christentum gibt, sondern sie rühmen die Größe Gottes (arabisch: Allah), der den Menschen erschaffen und ihn gelehrt hat, der die Guten belohnen und die Bösen bestrafen wird. Den Ungläubigen, d.h. seinen damaligen Feinden, die nicht an Allah (Gott) glauben, wünscht bzw. prophezeit er den Untergang. Allah ist der e i n e Gott, der Absolute. Neben diesem Gott soll man keine anderen Götter haben.
Mit zunehmender Ausweitung seines Herrschaftgebietes zu einem staatsähnlichen Gebilde mussten nun auch „Staatsangelegenheiten"geregelt werden. So gibt es in den späteren langen Suren, die jetzt im Koran aber vorne stehen, Heiratsregeln, Scheidungsregeln, Erbschaftsregeln, Regeln für das Miteinander, für den Krieg und vieles mehr. Auffällig ist, dass es keine gedankliche Gliederung oder Ordnung in den Suren gibt. Das führt zu zahllosen Wiederholungen neben vielen schwülstigen Beschwörungsformeln, die ein Lesen des Koran erschweren.
Nach Mohammeds Tod im Jahr 632 wurde der Koran zusammenhängend bearbeitet und mögliche Unterschiede vereinheitlicht. Der 3. Khalif Uthman, Mohammeds Schwiegersohn, verfügte schließlich im Jahr 653, dass nur noch der konsolidierte Text, wie wir ihn heute kennen, benutzt werden dürfe. Diese Verehrung des Koran in seiner Originalsprache hat bewirkt, dass das Arabische als einzige Sprache der Welt sich in den letzten 1.400 Jahren nicht wesentlich verändert hat. Sein Vokabular ist noch heute Umgangssprache. Millionen von Muslimen lernen schon als Kinder den Koran (oder wesentliche Teile davon) auswendig. Wettbewerbe im auswendigen Rezitieren des Koran gibt es überall in der muslimischen Welt.

## 2. Der Einfluss des Christentums bzw. Judentums
Aufgrund seiner Aktivitäten in seinem Geburts- bzw. Wohnort Mekka schuf sich Mohammed dort zahlreiche Feinde, so dass er, um sein Leben zu retten, fliehen musste. Er ging nach Medina, wo er auf viele Juden traf. Spätestens hier lernte er die jüdische Religion kennen. Es soll anfänglich eine gute Zusammenarbeit mit den jüdischen Gelehrten gegeben haben. So findet man im Koran vieles, was aus dem Pentateuch, den 5 Büchern Mose, entnommen sein dürfte, jedenfalls den 5 Büchern Mose sehr ähnlich ist. Anfangs soll nicht der Freitag, sondern der Sonnabend, also der jüdische Sabbat, der geweihte Tag des Herrn gewesen sein. Es gab aber viele Meinungsverschiedenheiten zwischen Mohammed und den Juden, so dass er seinen ganzen Einfluss geltend machte, um sie aus Medina zu vertreiben. So ist denn Mohammeds Zorn auf die Juden in etlichen Suren zu finden, z.B. in Sure 4, Vers 46: Unter den Juden gibt es welche, die den Sinn der Wörter verdrehen und sagen: „Wir haben vernommen (Mohammeds Lehre), aber gehorchen nicht". Es ist ein Wortverdrehen und ein Angriff auf den Glauben. In Sure 5, Vers 41 weist er erneut darauf hin, dass die Juden die Wörter verdrehen, und in Sure 5, Vers 78 heißt es :"Verflucht werden die Ungläubigen unter den Kindern Israels durch die Zunge Davids und Jesu, des Sohnes der Maria, dies, weil sie rebellisch waren und sich vergnügten". Wenig später, in 5/82 heißt es: „Wahrlich du wirst finden, dass die Juden und die, welche Allah Götter zur Seite stellen, unter allen Menschen den Gläubigen am feindlichsten sind".
Erst nach dem Bruch mit den Juden wurde der Freitag zum Gebetstag und man betete nicht mehr in

Richtung Jerusalem, sondern nach Mekka gewandt. Mohammed stellte danach die Reinheit seiner Lehre wieder her. Medina wurde so etwas wie ein ideologischer Staat.

## 3. Die Kernaussagen
Der Koran enthält folgende Grundaussagen (laut Hofmann, Vorwort, Seite 15):
Es gibt (nur) e i n e n Gott, der ein unfassbarer Gott ist
Es gibt keine Inkarnation in einem Menschen; auch Jesus war nur ein Gesandter
Dieser Gott ist für alle Menschen gleichermaßen da, es gibt kein „auserwähltes Volk"
Es gibt ein Leben nach dem Tod
Wer sich Gott ganz hingibt, ist Muslim – so wie schon Abraham, wie Moses und wie Jesus
Das Verhalten des Menschen entscheidet über sein Schicksal im Jenseits
Jeder ist für sich selbst verantwortlich (Es gibt keine Erbsünde)
Für den gläubigen Muslim ruht die islamische Praxis auf „fünf Säulen"
    1. Fünfmaliges tägliches Gebet, 2. Fasten während des Monats Ramadan, 3. Sozialsteuer,
    4. Das islamische Recht (die Scharia) und 5. ( nur fakultativ) die Pilgerreise nach Mekka
Der Glaube an Allah (Gott) und seinen Gesandten (Mohammed) bewirkte Gehorsam und Opferbereitschaft, bis hin zu der einzigartigen Bereitschaft, sein Leben „für die Sache Allahs" freudig hinzugeben. Einige Beispiele aus dem Koran:
Sure 2/190 Und bekämpft auf Allahs Pfad, wer euch bekämpft, doch übertreibt nicht
Sure 2/191 Und tötet sie, wo immer ihr auf sie stoßt. Und vertreibt sie von wo sie euch vertrieben,
          denn Verführung (zum Unglauben) ist schlimmer als der Tod
Sure 3/151 Wahrlich wir werden die Herzen der Ungläubigen in Schrecken versetzen, weil sie Allah
          Götter zur Seite stellen, wozu keine Ermächtigung herabgesandt worden ist
Sure 3/158 Und wahrlich, wenn ihr sterbt oder erschlagen werdet, werdet ihr zu Allah versammelt
Sure 3/163 Sie haben verschiedene Rangstufen bei Allah, und Allah sieht, was sie tun
Sure 4/74 Und so soll auf Allahs Wegen kämpfen, wer das irdische Leben für das Jenseits
        verkauft. Und wer auf Allahs Weg kämpft, ob er nun fällt oder siegt, wahrlich, dem
        geben wir gewaltigen Lohn
Sure 8/39 Und kämpft wider sie (die Ungläubigen), bis es keine Unterdrückung mehr gibt und
        nur noch Allah verehrt wird
Sure 5/72 Ungläubig sind fürwahr, die da sprechen: „Allah, das ist der Messias, der Sohn der
        Maria". Der Messias sagte doch:" O ihr Kinder Israels! Dient Allah, meinem Herrn
        und eurem Herrn".
Mit „Ungläubige" waren seinerzeit wahrscheinlich die Araber gemeint, die noch keine Muslime geworden waren. Es ist kaum anzunehmen, dass Mohammed, der nicht lesen und schreiben konnte, großartige Kenntnisse von den Menschen außerhalb Arabiens hatte. Zum Kampf ruft Mohammed nur auf gegen die Ungläubigen. Andererseits stellt er Allah immer wieder als wohlwollend und gnädig dar. In den Suren 2/73 und 5/3 wird das Essen von Verendetem (Krepiertem), von Blut und Schweinefleisch verboten. Wenn aber einer durch Hunger gezwungen ist, ohne das Maß zu übertreten, ist Allah verzeihend und barmherzig. Wenn eine von euren Frauen (Sure 4/15) etwas Widerwärtiges begeht.....schließt sie in die Häuser ein, bis der Tod sie nimmt oder Allah ihnen einen Ausweg zeigt. Bei aller Strenge seiner Vorschriften lässt der barmherzige Allah auch immer ein Hintertürchen offen.

## 4. Der Sturm des Islam
So setzte Mohammed mit seiner Aufforderung zum Kampf gegen die Ungläubigen einen wahren Sturm in Bewegung. Moslemische Heere eroberten schon wenige Jahre nach Mohammeds Tod den Vorderen Orient. Jerusalem wurde z.B. 638 erobert. Entsprechend dem Motto Mohammeds, dass nur der Ungläubige ein Feind ist, behandelten sie alle, die sich zum Islam bekehrten, als Freunde.

Mit einer Sondersteuer für Ungläubige und durch entsprechendes Wohlverhalten gegenüber der Bevölkerung konvertierten z.b. auch die Juden, mit Ausnahme ihrer Priester, zum Islam, zumal sie froh waren, von den starken Bedrückungen des nahegelegenen christlichen Byzanz nun befreit zu sein. Die im Nahen Osten ansässigen Juden sind bis heute Moslems geblieben. Wir kennen sie heute allerdings unter der Bezeichnung „Palästinenser".

Knapp 80 Jahre nach dem Tod Mohammeds setzten muselmanische Heere von Nordafrika nach Spanien über. Im Jahr 732, genau 100 Jahre nach Mohammeds Tod, schlug Karl Martell sie bei Tours und Poitiers, mitten in Frankreich, zurück. Moslemische Streifscharen sollen schon bis zum Rhein vorgedrungen sein.

Im Gefolge der Heere kamen viele Gelehrte nach Spanien, und so entstand hier eine arabisch-jüdische und teilweise auch christliche Gelehrtengemeinschaft, wie es sie sonst nirgends auf der Welt gegeben hat. Zahllose Schriften der Antike wurden ins Arabische übersetzt und so wahrscheinlich vor dem Vergessen bewahrt. Dieses Wissen war durch die in Europa herrschende christliche Kirchenorganisation völlig unterdrückt worden und dadurch so gut wie verloren gegangen. Später konnte es dann aus den arabischen Schriften in die europäischen Sprachen übersetzt und somit für Europa gerettet werden.

## 5. Die Wende

Eine Wende trat dann in zweifacher Weise ein, einmal wirtschaftlich und zum Anderen geistig-wissenschaftlich. Der gesamte Orienthandel bis nach China verlief über die sogenannten Seidenstraßen, die Straße zu Lande und die Straße zur See und ging durch die Hände der Araber. Da viele der Waren wie z.b. Gewürze und Seide irrsinnig hohe Preise hatten, verdienten sie an diesem Zwischenhandel sehr viel Geld. Dann aber entdeckten die Europäer die Seewege zu all den Gewürzinseln und konnten nun die kostbaren Spezereien selbst importieren. Der Vordere Orient verlor mit dem Zwischenhandel einen großen Teil seiner Existenzgrundlage. Des Weiteren führten klimatische Veränderungen und die Ausbreitung von Wüsten dazu, dass der Orient wirtschaftlich verarmte.

Geistig trat in Europa spätestens seit Martin Luther eine langsame Entmachtung der erstarrten, alles unterdrückenden christlichen Kirchenorganisation ein. In der Folge begann Europa sich frei zu machen von der Bevormundung und Unterdrückung. Wissenschaftliche Erforschungen und technische Erfindungen machten Europa zum führenden Kontinent in der ganzen Welt, bis Europa sich durch 2 Weltkriege, die in Wirklichkeit europäische Selbstzerstörungskriege waren, selbst um seine führende Rolle brachte und damit zum Spielball außereuropäischer Mächte wurde.

Im Islam dürfte sich nun auswirken, dass die arabische Sprache und damit vielfach auch das Denken seit 1.400 Jahren nahezu unverändert geblieben ist. Dieses archaische Arabisch ist wie ein Klotz am Bein der Muslime. Sie befinden sich in einer Art geistigem Gefängnis. Hinzu kommt, dass Millionen fast keine Schulbildung haben, ihr Wissen also gering ist. Nur eines kennen bzw. können sie, die schon im Kindesalter auswendig gelernten Koranverse. So können sie mangels anderer Bildung die Welt nur durch die Brille des Koran betrachten. Ein solch eingeschränktes Sichtfeld bezeichnet man als Tunnelblick. Auch die Sichtweise gebildeter Moslems dürfte durch die Koranbrille beeinträchtigt sein. Islamische Entwicklungen wie z.B. der „Islamische Staat" oder die Taliban in Afghanistan sind für die heutige Welt ein klarer Rückschritt.

## 6. Ergebnis und Schlussgedanken

Die Lehren Mohammeds, die, wie es auch im Christentum der Fall ist, erst im Jenseits großen Lohn versprechen, haben ihre Wirkungen auf die Menschen in seiner Umgebung nicht verfehlt. Wieweit Überredung und Vorbild ihre Wirkung taten, oder ob mit Feuer und Schwert nachgeholfen wurde, sei einmal dahingestellt. In einer zerrissenen und vielleicht auch noch von Stammeskämpfen bedrohten arabischen Welt schuf Mohammed unter Berufung auf Allah ein halbwegs geordnetes Leben. Die erobernden muslimischen Heere erwiesen sich nicht als Feinde, sondern sie wurden zu

Freunden der Eroberten, sobald diese von Ungläubigen zu Gläubigen geworden waren. Dies erklärt im Wesentlichen die schnelle Ausbreitung des Islam.

Das 1.400jährige Festhalten an dem archaischen Koran ist aber auch eine Bremse für die Entwicklung in der arabisch-moslemischen Welt. Was ist von Leuten zu halten, deren Horizont eingeengt wird durch die Koranverse ? Der große Vorteil der christlichen Welt liegt heute darin, dass sie sich von den Fesseln der Religion weitgehend frei gemacht hat.

Der seit Mitte des 20. Jahrhunderts im Nahen Osten praktizierte Aggressionsterrorismus hat den palästinensisch-arabisch-moslemischen Verteidigungsterrorismus hervorgerufen, der im Laufe der Zeit auch zum Verzweiflungsterrorismus wurde. Dann traten wegen ihrer Ölinteressen die USA auf den Plan. Erst die amerikanischen Kriege gegen den Irak und in Afghanistan, vor allem aber die dort begangenen Kriegsverbrechen führten dazu, dass sich zehntausende empörte Moslems zu einem „Islamischen Staat" zusammenschlossen, der wieder streng nach den Regeln des Koran regiert wurde und damit rückwärts gewandt ist. Gleiches oder Ähnliches dürfte Europa im Falle einer Machtübernahme durch Muslime auch drohen. Wenn nur der 1.400 Jahre alte Koran zählt und die inzwischen eingetretene Entwicklung nicht nur ignoriert, sondern sogar um 1.400 Jahre zurückgedreht werden soll, stehen Europa ähnlich schlimme Zeiten bevor wie im christlichen Mittelalter.

Schon nach der Eroberung Ägyptens ab 639 wurde die dortige Hochkultur zerstört und die völlig andere Lebensweise der Ägypter grundlegend verändert, indem die Menschen alles nach dem Koran ausrichten mussten. Viele pharaonische Kulturbauten wurden abgebrochen und ihre Steine für moslemische Bauten verwandt. Überlebt haben pharaonische Gebäude hauptsächlich in abgelegenen Teilen des Landes, die von den Moslems missachtet wurden, teilweise aber auch deshalb, weil sie unter Wüstensand verschwunden und damit unsichtbar geworden waren, wie z.B im Tal der Könige. Als Beispiele aus heutiger Zeit sei auf den iranischen Mullah-Staat, die afghanischen Taliban und vor allem auf den „Islamischen Staat" hingewiesen, die uns einen Vorgeschmack auf moslemische Machtausübung geben.

Die selbsternannte „Westliche Wertegemeinschaft", die sich im Nahen Osten (und nicht nur dort) hauptsächlich durch Krieg und Kriegsverbrechen hervortat, hat damit Schlimmes verursacht. Mittlerweile hat es diese „Wertegemeinschaft" erreicht, dass die Sendboten des Terrorismus schon in verschiedenen Teilen der Welt auftreten. Man kann nur wünschen, dass eine Umkehr auf diesem Weg erfolgt.

www.ingramcontent.com/pod-product-compliance
Lightning Source LLC
Chambersburg PA
CBHW061250040426
**42444CB00010B/2331**